LUTA ARMADA
NO BRASIL

Vitor Amorim de Angelo

LUTA ARMADA
NO BRASIL

São Paulo – 2009

© *Copyright*, 2009 – Vitor Amorim de Angelo

Todos os direitos reservados.
Editora Claridade Ltda.
Av. Dom Pedro I, 840
01552-000 São Paulo SP
Fone/fax: (11) 2168-9961
E-mail: claridade@claridade.com.br
Site: www.claridade.com.br

Preparação de originais: Marco Haurélio
Revisão: da Editora
Capa: Adriana Ortiz sobre fotos de divulgação
Pesquisa Iconográfica: ImagemFoco.Com Ltda.
Editoração Eletrônica: Eduardo Seiji Seki

Edição em conformidade com o novo acordo ortográfico
da língua portuguesa.

CIP-BRASIL. CATALOGAÇÃO-NA-FONTE
SINDICATO NACIONAL DOS EDITORES DE LIVROS, RJ

A593L

Angelo, Vitor Amorin de, 1982-
   Luta armada no Brasil / Vitor Amorim de Angelo. – São Paulo :
Claridade, 2009.
   112p. : il. – (Saber de tudo)

   bibliografia
   ISBN 978-85-88386-58-7

   1. Brasil – História – 1961-1964. 2. Brasil – História – 1964-
1985. 3. Brasil – História – Revolução, 1964-. 4. Guerrilhas – Brasil
– História – Século XX. 4. Jovens – Brasil – Atividades políticas.
5. Movimentos sociais – Brasil – História. I. Título. II. Série.

09-0279.   CDD: 981.06
                                         CDU: 94(81)"1961/1985"

Todos os direitos reservados. Nenhuma parte deste livro pode ser
utilizada ou reproduzida sem a autorização expressa da editora.

Sumário

Introdução 7
1. Democracia e golpe 11
2. Ensaios de luta armada 30
3. Golpe dentro do golpe 51
4. O caminho do exílio 80
Conclusão 107
Outras leituras, outras visões 110
Sobre o autor 112

Introdução

Este pequeno livro que o leitor tem em mãos conta um dos capítulos mais importantes da história do Brasil contemporâneo: a atuação de organizações de esquerda que pegaram em armas para derrubar a ditadura e fazer a revolução. Trata-se de uma ferida ainda aberta. Um tema delicado, cheio de inauditos e de meio-termos. Visto de hoje, é muito difícil imaginar como jovens universitários de classe média, em sua maioria, decidiram partir para o confronto aberto com o regime militar. Afinal, a apatia política que nos caracteriza hoje nada tem a ver com a agitação típica dos anos 1960, quando as mudanças pareciam ao alcance das mãos.

A trajetória de vida daqueles jovens ficou marcada para sempre pela experiência guerrilheira. Vítimas da mais intensa repressão, foram submetidos a todos os tipos de sevícias. Socos, chutes, pontapés, choques elétricos, afogamentos, espancamentos, estupros: tudo isso fez parte da *agenda* policial durante aquele tempo sombrio. Muitos acabaram morrendo enquanto estavam sob custódia do Estado. Dos que sobreviveram, outros tantos passaram a carregar no corpo e na mente as lembranças de, um dia, terem sido tratados como verdadeiros animais. Durante a ditadura, a firmeza de suas convicções políticas lhes tirou a condição humana.

Portanto, como não se sensibilizar com os sacrifícios pessoais dos que pegaram em armas para lutar? Atrás de cada partido, cada organização, cada sigla, havia homens e mulheres, pessoas normais, de carne e osso, que sentiram na pele a dureza da vida clandestina, do isolamento social e da repressão atroz. Foram literalmente trucidados pela ditadura. Como não se compadecer das famílias destruídas pela morte de um pai, um filho, um irmão guerrilheiro? E quanto aos *desaparecidos* políticos, cujos corpos seus entes queridos jamais encontraram? Afinal, todos deveriam ter o direito de enterrar seus mortos para que descansem em paz.

É impossível, sob esse ponto de vista, dissociar a história da esquerda armada no Brasil da violação dos direitos humanos cometida nos *porões da ditadura*. Mas o fato é que se reduzirmos a luta armada aos sacrifícios pessoais, limitando aquela experiência às trajetórias de vida dos guerrilheiros, então teremos entrado num beco sem saída, porque nele não há espaço para críticas. Quem discorda da esquerda faz o jogo da ditadura. Os que criticam os guerrilheiros desconsideram seu sacrifício pessoal. Ficamos presos a um círculo vicioso em que não é permitido apontar os limites, as contradições e as *verdadeiras* motivações da esquerda armada sem estar sujeito a receber a pecha de *reacionário*.

Se como seres humanos devemos ser solidários aos que pegaram em armas, pagando com a própria vida a ousadia de lutar por um ideal, como observadores da história jamais podemos nos esquivar da crítica, sob o risco de aceitarmos, da direita e da esquerda, versões que são verdadeiros embustes. No momento em que os brasileiros exercitam a memória na reconstrução de seu passado recente, é preciso que o contraditório tenha um espaço cativo, sem que, de antemão, importe em qualquer juízo de valor sobre aquele que fala. O que não significa, evidentemente, que existe uma maneira imparcial de se escrever a história. Quanto a isso não temos a mais remota esperança. E este livro, assim como todos os outros, também foi escrito a partir de um determinado ponto de vista.

Muita coisa já foi escrita sobre a esquerda armada no Brasil. Desde autobiografias até trabalhos acadêmicos, como dissertações de mestrado e teses de doutorado. Até hoje, cerca de 25 ex-guerrilheiros publicaram suas memórias. Às vezes, recorrendo à ficção para expor a dureza dos *anos de chumbo*. Algumas se tornaram verdadeiros *best-sellers*, como foi o caso de *O que é isso, companheiro?*, de Fernando Gabeira. No total, calcula-se que já tenham sido escritos aproximadamente 200 trabalhos a respeito da luta armada no Brasil ou de temas correlatos. Este livro, portanto, faz um balanço crítico dessa vasta literatura.

Democracia e golpe

Henrique Teixeira Lott deixou o ministério da Guerra no início de 1960 para disputar as eleições presidenciais de novembro. Era o candidato do governo. Tinha conquistado a indicação do Partido Social Democrático (PSD) e o apoio do então presidente Juscelino Kubitschek. Cinco anos antes, Lott esteve no centro de uma grave crise política, quando desempenhou um papel fundamental na manutenção da legalidade. Na corrida presidencial de 1955, Café Filho, que substituíra Getúlio Vargas após sua morte, foi duramente pressionado para que impedisse a candidatura de JK e João Goulart, vice em sua chapa.

Com o suicídio do *Solitário de Itu*, no ano anterior, políticos da União Democrática Nacional (UDN) liderados pelo deputado Carlos Lacerda vislumbraram a chance de extirpar de vez o *varguirmo*. Apoiados por setores das Forças Armadas, chegaram a ensaiar o lançamento de uma chapa única, de centro-direita, reunindo o PSD e a UDN. Mas a candidatura de JK, apoiado pelos comunistas, e Jango, historicamente ligado à figura de Vargas, frustrou a proposta dos antigetulistas. Em linhas gerais, dois projetos bem definidos polarizavam o debate político e econômico na época: o *nacional-estatismo* e o *liberalismo-conservador*.

Os que defendiam o primeiro queriam uma industrialização baseada nos bens de capital, a intervenção do Estado em setores estratégicos, o fortalecimento do capitalismo nacional, a adoção de uma política externa independente e a criação de uma extensa rede de proteção social. Os partidários do segundo falavam em liberdade de mercado, em não intervenção estatal, em abertura da economia ao capital externo e no alinhamento incondicional aos Estados Unidos – tudo isso somado a uma certa desconfiança em relação aos movimentos sociais e à participação cada vez maior das massas no mundo da política.

Os liberais-conservadores acreditavam que a vitória de Juscelino poderia trazer o nacional-estatismo, parcialmente abandonado com a guinada à direita do governo Café Filho, de volta para o primeiro plano. Assim, a divulgação do resultado só fez aumentar as pressões sobre o presidente. Se JK e Jango venceram, não deveriam tomar posse. A cizânia também se instalou entre os militares quando o ministro da Guerra, marechal Henrique Lott, ao contrário de alguns setores do Exército, declarou-se a favor da legalidade. Ou seja, da posse de Juscelino como presidente e Goulart como vice, em janeiro de 1956.

Na época, Lott exigiu que Café Filho punisse um coronel que se pronunciara publicamente contra a posse dos eleitos, contrariando a posição oficial do Ministério da Guerra. Mas Café, em meio à crise, afastou-se do cargo alegando problemas de saúde. Em seu lugar, assumiu Carlos Luz, presidente da Câmara, que também negou-se a punir o coronel. Foi então que Lott deu início a um amplo movimento contra o presidente em exercício, derrubado com apenas três dias de governo. Nesse meio tempo, Café Filho, subitamente recuperado, tentou retornar ao cargo, mas foi impedido por Lott, que garantiu a posse de Nereu Ramos, vice-presidente do Senado e primeiro na linha de sucessão. Um *golpe preventivo* garantiu a ordem legal.

No início do ano seguinte, ao tomar posse como presidente da República, JK decidiu manter Henrique Lott no ministério da Guerra, de onde saiu apenas em 1960 para disputar as eleições.

Para Juscelino, velha raposa da política brasileira, o apoio ao marechal fazia parte de seu futuro projeto: a sucessão de 1965, quando pretendia voltar ao Palácio do Planalto. Conhecendo seu histórico legalista, JK sabia que eram remotas as chances de Lott não aceitar o resultado das urnas – ainda mais se elas fossem favoráveis ao próprio Juscelino. O desgaste de seu governo, contudo, acabou minando a candidatura do marechal. Inclusive porque do outro lado estava o carismático Jânio Quadros.

A dobradinha *Jan-Jan*

Durante todo seu governo, Juscelino Kubitschek tentou equilibrar-se entre os dois projetos em jogo. Queria modernizar o país rapidamente e abrir a economia brasileira a empresas e investimentos estrangeiros. Por outro lado, defendia a intervenção do Estado na criação de infra-estrutura e a incorporação dos trabalhadores no projeto *desenvolvimentista*. O crescimento econômico, de fato, veio. Mas a fatura que o Brasil pagou por ele foi alta e chegou rápido, sem esperar nem mesmo a eleição do novo presidente. Já no final do governo JK, o ritmo do crescimento apresentava sinais de queda, a inflação aumentava e os desajustes de toda ordem se aprofundavam.

A estratégia juscelinista de manter-se entre um projeto abertamente nacional-estatista e francamente liberal-conservador tinha mostrado seus limites. Com a crise econômica, o governo passou a ser duramente criticado à direita e à esquerda. Os partidos que formavam a aliança governista desgastaram-se rapidamente, sem que as forças de oposição a JK se consolidassem como alternativa política viável aos eleitores. Assim, lentamente, começou a ganhar corpo na sociedade um sentimento em favor de reformas políticas, econômicas e sociais, num movimento que alcançaria seu ápice no governo de João Goulart.

Jânio Quadros

Em pouco mais de uma década, Jânio Quadros construiu uma carreira política meteórica. Em 1948, aos 31 anos, tomou posse como vereador na Câmara Municipal de São Paulo. No meio do mandato, foi eleito deputado estadual. Em 1953, antes mesmo de encerrada a legislatura, lançou-se à disputa pela prefeitura de São Paulo. Eleito com ampla margem de votos, Jânio permaneceu no cargo pouco mais de um ano. Em 1954, tornou-se governador do estado de São Paulo. De todos os mandatos assumidos até então, aquele foi o único que Jânio cumpriu até o fim. Em janeiro de 1959, quando deixou o Palácio dos Campos Elíseos, começou a costurar seu mais ambicioso projeto político: a Presidência da República.

Jânio tinha um jeito de fazer política muito particular. Em sua passagem pela Assembleia Legislativa, percorreu o estado pregando a moralização do serviço público e colhendo sugestões dos eleitores para resolver os problemas de cada região. Como prefeito, continuou defendendo medidas austeras, incluindo demissões em massa de funcionários públicos. Com efeito, o clima que envolvia a campanha de 1960 só potencializou a imagem construída por Jânio Quadros ao longo de sua carreira política. Não foi à toa que, em meio ao sentimento de mudança que parecia dominar a sociedade brasileira, Jânio tenha escolhido uma *vassoura* como símbolo de campanha, passando aos eleitores a ideia de que, como presidente, faria uma verdadeira limpeza.

Jânio obteve uma vitória avassaladora, com quase seis milhões de votos – o que correspondia a 48% do eleitorado. Lott, por sua vez, recebeu praticamente dois milhões de votos a menos que o ex-governador. Mas a vitória de Jânio não foi completa: em vez de Milton Campos, seu companheiro de chapa, quem conquistou a Vice-Presidência foi o gaúcho João Goulart, que concorria junto com Henrique Lott. Na época, a disputa para os cargos de presidente e vice era separada, permitindo combinações muitas vezes conflituosas como foi o caso da dobradinha *Jan-Jan* – Jânio Quadros e Jango.

A posse do novo presidente, marcada para janeiro do ano seguinte, foi cercada de grande expectativa. O heterogêneo leque de forças que tinha apoiado Jânio Quadros aguardava com ansiedade as mudanças prometidas durante a campanha. A esperança de um novo começo, porém, rapidamente se desfez, dando lugar às desconfianças e às críticas. O conjunto de medidas tomadas para contornar os problemas econômicos herdados do governo anterior se revelaram ineficazes, além de corroerem a base de sustentação política do presidente.

Acostumado ao crédito em abundância, o setor industrial ficou contrariado com a ortodoxia da política econômica adotada pelo governo. A persistência da inflação, de outro lado, afastou os trabalhadores que apoiavam o presidente. No plano internacional, o Brasil assumiu uma postura independente, incluindo a aproximação dos países do bloco socialista. A inflexão da política externa brasileira desagradou as forças conservadoras da sociedade, sem, contudo, conquistar o apoio da esquerda. As reformas reivindicadas pela população também não ganharam consistência, continuando, tal como durante a campanha, apenas como vagas promessas. Em Brasília, aumentaram os atritos entre o presidente e o Congresso Nacional.

Jânio logo começou a ficar isolado. Reclamando mais poderes e responsabilizando "forças terríveis" pelo fracasso de seu governo, jogou todas as fichas numa manobra arriscada: em 25 de agosto de 1961, com praticamente sete meses de governo, renunciou ao cargo. Em seguida, partiu para a Base Aérea de Cumbica, em São Paulo, deixando para trás uma crise que se repetiria novamente em 1964, embora com outro desfecho. Seduzido pelos milhões de votos que recebera pouco tempo antes, talvez o presidente acreditasse que uma grande mobilização popular pediria seu retorno. O povo saiu às ruas, mas para gritar o nome de Jango.

Campanha da Legalidade

João Goulart estava em Cingapura – onde já era madrugada do dia 26 – quando recebeu a notícia de que Jânio havia renunciado. O vice-presidente tinha saído do país no mês anterior para fazer um giro pela Europa Oriental, União Soviética e China, seguindo a nova orientação da política externa brasileira. Não poderia existir pior coincidência que aquela: um líder esquerdista, herdeiro de Vargas, em viagem ao bloco socialista (isso em plena Guerra Fria), tornava-se o primeiro na linha de sucessão à Presidência, num cenário internacional politicamente radicalizado. Jango sabia que, internamente, a correlação de forças não lhe era favorável.

João Goulart discursando em Pequim, China

Poucas horas depois da renúncia, o Congresso Nacional, reunido em sessão extraordinária, aprovou o nome do deputado Ranieri Mazzilli, presidente da Câmara, como presidente da República em exercício. Pela lei, bastava apenas Jango retornar ao Brasil para tomar posse. Porém, nesse meio tempo, os três ministros militares – da Aeronáutica, Marinha e Guerra – divulgaram uma nota oficial em que declaravam a "absoluta inconveniência, por motivos de segurança nacional, do regresso ao país do vice-presidente da República". Estava formada a crise. Enquanto isso, do exterior, João Goulart articulava uma saída negociada para o impasse.

Com o veto militar, que colocou em xeque a legalidade constitucional, o então governador gaúcho, Leonel Brizola (cunhado de Jango), convocou a população para resistir à tentativa de golpe. Do Rio Grande do Sul, Brizola comandou a *Rede da Legalidade*, reunindo mais de cem emissoras de rádio que transmitiam manifestações em favor da ordem constitucional – incluindo a leitura de notas em outros idiomas. Diante da ofensiva, os ministros militares decidiram atacar o Palácio Piratini, sede do governo gaúcho. Mas, àquela altura, as Forças Armadas já tinham se dividido: o general Machado Lopes, comandante do III Exército, observando o amplo apoio popular à *Campanha da Legalidade*, decidiu romper com o ministro da Guerra.

Calcula-se que só em Porto Alegre cerca de 45 mil pessoas se inscreveram no Comitê Central do Movimento de Resistência, sendo que boa parte recebeu do governo gaúcho revólveres, fuzis e treinamento de tiro. Dentro do Congresso Nacional, também surgiram manifestações a favor da legalidade. Até mesmo a UDN declarou-se contrária ao veto militar. Assim, em poucos dias, o movimento capitaneado por Brizola conquistou adeptos à direita, preocupados com um golpe de alto custo, e à esquerda, incluindo nacionalistas e setores progressistas da sociedade. Enquanto isso, os militares ficavam cada vez mais isolados, assim como os civis que defendiam o golpe.

No dia 02 de setembro, a saída para o impasse foi finalmente encontrada. O Congresso, que, pressionado pela Campanha da Legalidade, tinha rejeitado o impedimento de Jango, aprovou a mudança do regime de governo: do presidencialismo para o parlamentarismo. A alternativa já havia sido acertada previamente com Jango, que, dessa forma, garantia sua posse. Para os que conspiravam contra Goulart, a mudança de regime foi o meio encontrado para esvaziar os poderes do novo presidente. Porém, a emenda constitucional aprovada pelo Congresso tinha uma brecha: a realização de um plebiscito, em abril de 1965, para que a população decidisse sobre a continuação ou não do parlamentarismo.

A posse de João Goulart, no sugestivo 07 de setembro de 1961, trouxe novo ânimo à esquerda e às forças nacionalistas. Afinal, a vitória da legalidade parecia indicar que o caminho das reformas era mesmo inevitável. O tema imediatamente dominou o debate político, já acirrado em virtude dos acontecimentos anteriores. Aos olhos de muitos, Jango encarnava o ideário nacional-estatista do qual Getúlio tinha sido o principal artífice. Mas em contraste com Vargas, que sempre jogou pela conciliação, o novo presidente deparou-se com um componente novo: a radicalização política resultante da ampla participação popular no *movimento pelas reformas de base*.

João Goulart tomando posse como presidente

Luta armada no Brasil

O desenvolvimento econômico registrado a partir dos anos 1950 – especialmente no governo JK – foi decisivo para formar uma sociedade ainda mais complexa e contraditória. De um lado, o avanço do capitalismo, tanto no campo como nas cidades, forjou um ideário de ascensão social que se difundiu rapidamente. De outro, trouxe consigo as contradições que lhe eram próprias, limitando a perspectiva de mobilidade que ele mesmo difundia. Lentamente, o clima de contestação à ordem alcançou os trabalhadores rurais e urbanos, o movimento estudantil, os graduados das Forças Armadas, além de parte da classe média formada no curso daquele processo, numa politização crescente que desembocaria no movimento pelas reformas.

Falava-se em reforma agrária, urbana, universitária, bancária, tributária, eleitoral, entre outras. O objetivo de todas elas era um só: transformar as estruturas econômicas, políticas e sociais, garantindo um desenvolvimento econômico autônomo com justiça social. Num país tão cheio de contrastes como era o Brasil daquele início dos anos 1960 e num cenário de intensa radicalização política, tanto interna quanto externamente, o tema das reformas logo conquistou muitos adeptos, mas também ferrenhos inimigos. A população saía às ruas para protestar em favor das mudanças. No campo, as pressões se intensificavam, desenhando um quadro de extrema radicalização.

Embora heterogênea, formou-se, à esquerda, uma espécie de *frente pró-reformas*, reunindo partidários do governador Leonel Brizola (principal nome da Campanha da Legalidade), parlamentares nacionalistas, movimentos sindicais, militares de baixa patente, estudantes, além do Partido Comunista Brasileiro (PCB), das Ligas Camponesas e de um pequeno agrupamento trotskista. Todos pressionando o presidente para que levasse adiante as mudanças – *na lei ou na marra*. Mas o parlamentarismo tinha diminuído consideravelmente os poderes de Jango. Com efeito, o caminho das reformas passava necessariamente pelo retorno ao presidencialismo.

Não por acaso, até setembro de 1962, cada passo de João Goulart visou a sabotagem do regime em vigor. O parlamentarismo, e não Jango, deveria aparecer como verdadeiro empecilho às reformas. A partir de então, todo os movimentos do presidente foram no sentido de tentar estabelecer um diálogo direto com os movimentos sociais, contornando as instituições políticas, para jogar a população contra o Congresso, acusado de ser o responsável por criar e manter a ordem vigente. Se no futuro Jango se mostraria vacilante, naquele momento o presidente assumiu uma postura politicamente habilidosa: com a benção dos militares, costurou um acordo envolvendo políticos governistas e de oposição para antecipar o plebiscito.

Naquele mês, por larga margem de votos, o Congresso Nacional aprovou sua realização em janeiro de 1963, cerca de dois meses antes do previsto pela emenda que instituíra o parlamentarismo. Em um ano, era a segunda vitória da esquerda. Numa avaliação equivocada, parte dela chegaria até mesmo a acreditar que, com o acúmulo de forças, a hora da revolução se aproximava. Não percebeu que a antecipação do plebiscito tinha sido possível, em parte, pelo apoio de políticos da própria oposição – alguns, candidatos à sucessão presidencial de 1965, como JK. Nenhum deles, afinal, queria arriscar ser eleito sob um regime que não garantisse plenos poderes ao próximo presidente da República.

A efervescência política e cultural

Se o clima de agitação política dominava o país, no exterior o cenário não era diferente. A começar pelas incertezas que rondaram o mundo – e a América Latina, em particular – no início dos anos 1960. Pouco antes, na pequena ilha de Cuba, o presidente Fulgêncio Batista, aliado de longa data do governo norte-americano, havia sido deposto pelo movimento revolucionário liderado por Ernesto

Che Guevara, Fidel Castro e seu irmão, Raul. Cuba era um típico exemplo da política externa dos Estados Unidos para a América Latina: onde houvesse interesse de cidadãos ou empresas norte-americanas em jogo, ali nosso g*ran hermano* intervinha – direta ou indiretamente.

Quase todos os movimentos revolucionários que ocorreram nas décadas de 1940 e 1950 tiveram fundas raízes no processo independentista, especialmente na África e na Ásia. No contexto da Guerra Fria, porém, conflitos que começavam entre colônias e metrópoles rapidamente evoluíam, no plano internacional, para o embate entre os blocos capitalista e socialista. Caso exemplar nesse sentido foi o do Vietnã, mas não o de Cuba, que conquistara sua independência política bem antes da Guerra Fria. A verdadeira luta travada no Caribe não foi entre *socialismo* e *capitalismo*, mas entre o *nacionalismo cubano* e o *imperialismo estadunidense.*

Che Guevara (esq.) e Fidel Castro (dir.)

Entretanto, os acontecimentos seguintes não deixaram muitas alternativas ao novo governo de Cuba senão aproximar-se da União Soviética. Além do ataque de aviões que partiam da Flórida, os Estados Unidos também sabotaram navios cubanos, cortaram o fornecimento de petróleo e diminuíram a quantidade de açúcar comprada do país. Aos poucos, Havana foi se aproximando de Moscou, inscrevendo de vez a revolução cubana dentro da Guerra Fria. Bem à moda *yankee*, o governo norte-americano patrocinou uma fracassada tentativa de contrarrevolução. Em abril de 1961, centenas de exilados cubanos treinados pelos Estados Unidos desembarcaram na Baía dos Porcos, à oeste da ilha. Em pouco tempo, foram derrotados pelas tropas castristas.

O impacto desses acontecimentos na política latino-americana foi enorme. Afinal, uma pequena ilha, a poucos quilômetros da costa norte-americana e infinitamente mais fraca que os Estados Unidos, tinha conseguido derrubar um governo notadamente corrupto e ditatorial (mas que contava com o apoio estadunidense), assumir o poder, promovendo uma série de transformações (como a reforma agrária e a nacionalização de empresas estrangeiras), além de resistir à tentativa de contrarrevolução. A mensagem que vinha de Cuba era muito clara: a construção de um mundo novo, mais justo e igualitário, era possível. Os que desejavam a mudança logo se deixaram levar pelas ideias trazidas pela revolução cubana.

E a mais importante delas foi o *foquismo*. O mito do foco guerrilheiro consistiu em atribuir a um pequeno grupo, uma vanguarda, a capacidade de subverter a ordem vigente a partir do zero, do nada, em meio a uma conjuntura desfavorável. Ocorre que essa foi uma versão construída *a posteriori* pelos revolucionários cubanos, pois, ao contrário do que afirmavam, o movimento que levou Fidel Castro ao poder contou com amplo apoio popular. Ainda assim, o mito cubano trouxe certezas aos revolucionários em busca de verdades absolutas: não importava a pequena participação popular em suas causas; a ação da vanguarda detonaria a revolução. Cuba foi crucial para o que viria a acontecer no Brasil mais adiante.

Luta armada no Brasil

Ao caso cubano somaram-se as revoluções no Vietnã e na Argélia, completando o cenário de vitórias que parecia amedrontar os que estavam no poder. Na China, as transformações patrocinadas pelo Partido Comunista – que culminariam na Revolução Cultural – incendiavam os ímpetos revolucionários mundo afora. A bandeira da revolução se agitava. De outro lado, começou a ganhar forma na Europa e nos Estados Unidos um movimento radical de contestação que se convencionou chamar de *contracultura*. Subversiva em suas propostas, ácida em suas críticas, a contracultura cortava todas as dimensões da vida humana: do vestuário aos pensamentos; dos hábitos às relações sociais.

É verdade que no caso norte-americano o espírito libertário da contracultura despontou já nos anos 1950. Mas foi na década seguinte que o movimento ganhou sua expressão máxima. Os jovens da época se deparavam com uma sociedade cada vez mais racionalizada, planejada, tecnocrática, burocrática. E também com um mundo em constante transformação, integrado pelos meios de comunicação, global. Contudo, as notícias que chegavam à Europa e aos Estados Unidos vindas do *front* de guerra na Argélia, no Vietnã e em outros pontos da África e da Ásia pareciam estar em descompasso com os valores difundidos pela cultura ocidental.

Era preciso questioná-la, transformá-la, subvertê-la. Não era mais possível dissociar o comportamento, os costumes e a arte da política – embora esta não fosse entendida como sinônimo de instituições formais. Para aquela juventude, envolvida pelo espírito libertário e rebelde, os partidos já não serviam para levantar suas bandeiras. No caso dos comunistas, sua extrema burocratização os afastara dos grupos sociais em que se fundamentou a contracultura. A afirmação da individualidade, uma das principais características daquele movimento, esvaziou as formas coletivas de luta política. Ao buscar um caminho alternativo, afastando-se das gerações anteriores, a juventude dos anos 1960 não encontraria saída no repertório disponível.

A volta do presidencialismo

Foi nessa conjuntura internacional, portanto, que João Goulart iniciou a última parte de seu mandato. Com a vitória no plebiscito e a nova mudança de regime, a relativa calmaria política trazida com o parlamentarismo logo cedeu lugar ao clima de golpe. Além da agitação política, na economia os problemas persistiam. Por isso, em fevereiro de 1963, o presidente anunciou um programa de estabilização econômica para controlar a inflação e retomar o ritmo de crescimento registrado nos anos anteriores. Mas o *Plano Trienal*, como ficou conhecido, não conseguiu contornar os problemas.

Quanto às reformas, Jango tentou costurar uma grande aliança de centro-esquerda para aprová-las no Congresso, dentro dos marcos legais. Porém, as vitórias de 1961 e 1963, ambas com maciça participação popular, levaram a esquerda a acreditar que pudesse vencer a direita num embate direto. O cenário era de enfrentamento, não de acordos. Inclusive porque a composição do Congresso ainda era bastante conservadora, apesar do avanço das forças progressistas nas eleições parlamentares de 1962. Enquanto o presidente era acusado de defender uma política de conciliação, a frente pró-reformas jogava pelo confronto.

O debate político tomou conta da sociedade, claramente dividida entre os que apoiavam ou não as reformas. No flanco esquerdo estavam praticamente os mesmos grupos que, em 1961, tinham se posicionado a favor da legalidade. A luta pelas reformas lhes conferia um papel político até então inédito, em alguns casos. Como a estratégia janguista de desqualificar o parlamentarismo funcionou, a mudança de regime passou a ser vinculada à concretização das reformas. Daí o amplo apoio recebido por Goulart em janeiro de 1963 – cerca de 85% dos votos. Diante das dificuldades para concretizar as mudanças, uma vez que Goulart buscou implementá-las nas margens da lei, os setores à esquerda passaram a apostar numa saída radical, com o apoio das massas que julgavam representar.

No flanco direito, um conjunto bastante heterogêneo de forças cerrava fileiras contra as reformas: empresários, segmentos da classe média, pequenos proprietários, profissionais liberais, trabalhadores *white-collars*, religiosos, oficiais das Forças Armadas, além de profissionais ligados a setores dinâmicos da economia embalados pelo avanço capitalista. Para alguns, o temor era de que as reformas, ao redistribuírem os bens materiais e simbólicos, rebaixassem suas posições econômicas e sociais. Para outros, havia certa expectativa de que a radicalidade do movimento reformista levasse à desordem, ao caos, ao questionamento dos valores. Nada mais ameaçador para uma sociedade cujo lema expresso em sua bandeira era *ordem e progresso*.

Os ventos que vinham de Cuba assustavam os que temiam o protagonismo dos movimentos sociais e as reformas. Àquela altura, Fidel já tinha declarado que o Estado cubano era socialista. O fantasma da comunização do Brasil rondava as mentes dos que resistiam à mudança. Para conter o *perigo vermelho*, diminuindo a influência cubana (e soviética, por extensão) sobre a América Latina, os Estados Unidos apostaram na força da diplomacia e do dinheiro. Em 1962, nas eleições legislativas, chegaram a apoiar financeiramente candidatos de oposição a Jango. Contudo, para mantê-lo em sua órbita, aprovaram no ano seguinte um empréstimo que Goulart julgava essencial para seu programa econômico. O presidente norte-americano, John Kennedy, jogava dos dois lados.

Mas o Plano Trienal começou a fazer água, sem conseguir resolver os problemas da economia. Para completar a crise do governo Jango, o Congresso rejeitou, em outubro de 1963, a emenda constitucional apresentada pelo partido do presidente – Partido Trabalhista Brasileiro (PTB) – para realização da reforma agrária. A proposta do governo previa o pagamento de indenizações com títulos da dívida pública. Mas para isso seria preciso alterar a Constituição, que só permitia restituições em dinheiro nesses casos. Nem o governo nem a oposição queria ceder. As negociações passaram a ser vistas como conciliação. E isso era inadmissível para a esquerda.

Foi então que as posições se inverteram. Os grupos à direita começaram a defender a inviolabilidade da Constituição. A mesma direita que, dois anos antes, não aceitara a posse de João Goulart. Os setores à esquerda, por sua vez, sem conseguir aprovar as reformas no Congresso (particularmente a agrária), apostaram na luta extra-parlamentar, incluindo o recurso à violência, se fosse preciso. A mesma esquerda que, em 1961, tinha saído às ruas em defesa da legalidade. No final de 1963, todos jogavam pelo impasse, e a saída para a crise parecia iminente. Mas, ao contrário do que se esperava, ela chegaria sem maiores resistências.

Jango é derrubado

Na proporção em que os rumores de golpe se intensificaram, quem perdeu foi a democracia brasileira, desprezada por todos os lados. Os grupos à direita, historicamente golpistas, protestavam, observando que a ordem legal deveria ser respeitada. Afinal, era grande a expectativa de que um golpe pudesse ser dado pelo presidente. O próprio Brizola, diante da radicalização política, tinha aconselhado o cunhado nesse sentido. Luís Carlos Prestes, secretário-geral do PCB, também já cogitava um rompimento constitucional, com uma possível reeleição de João Goulart – o que não era permitido por lei.

Isolado em meio àquela correlação de forças, Jango lentamente se inclinou em direção à esquerda, e com ela seguiu até março de 1964. A direita civil, com a qual não tinha sido possível estabelecer nenhum acordo nos meses anteriores, aproximou-se dos militares que conspiravam contra o presidente. A pressão vinda dos Estados Unidos, que exigiam uma política econômica mais austera do governo brasileiro, e o episódio envolvendo sargentos da Marinha e da Aeronáutica, que tomaram Brasília em setembro de 1963, deixaram

Luta armada no Brasil

João Goulart ainda mais desgastado. Vendo suas opções diminuírem, Jango decidiu embarcar de vez na canoa da esquerda. Esta, por sua vez, apostou na força que o presidente dizia ter.

Para mobilizar a população, o presidente aceitou participar de uma série de comícios organizados pelas forças que o apoiavam. Pensou ser possível governar apenas com aqueles que defendiam as reformas de base, afastando-se dos setores à direita. O primeiro comício seria realizado no Rio de Janeiro, em 13 de março de 1964. O último, em São Paulo, no feriado do Dia do Trabalho. Nada mais simbólico para um líder trabalhista como João Goulart. O evento da Central do Brasil foi um verdadeiro sucesso. Milhares de pessoas reunidas, faixas de apoio às reformas e discursos inflamados. Brizola, temendo o pior, chegou a subir ao palanque com um revólver na cintura.

Mas no dia 19, em São Paulo, foi realizada a primeira *Marcha da Família com Deus pela Liberdade*. Era a resposta da direita à ofensiva de João Goulart. Donas de casa, segmentos da classe média,

Marcha da Família com Deus pela Liberdade

religiosos: todos, firmes, saíram às ruas para protestar contra a subversão, a desordem, a afronta aos princípios da família e da religião. Contudo, o verdadeiro significado da manifestação foi mesmo político. A divisão tornara-se evidente, e, àquela altura, já não era mais possível voltar atrás. Antes do desfecho final, porém, dois episódios decisivos ainda marcariam o verão de 1964.

O primeiro aconteceu na noite do dia 25, quando subalternos da Marinha se reuniram no Sindicato dos Metalúrgicos do Rio de Janeiro para comemorar o segundo aniversário da Associação dos Marinheiros e Fuzileiros Navais do Brasil (AMFNB) – entidade que não era reconhecida oficialmente. Os marinheiros tinham planejado um ato público para marcar a data. Mas o ministro da Marinha, Sílvio Mota, proibira sua realização. Na véspera, alguns dirigentes da AMFNB já haviam sido presos por ordem do ministro. No dia 25, Mota determinou que os organizadores do evento também fossem detidos – mas só depois de encerrada a reunião.

Cerca de 90 fuzileiros navais foram deslocados para o prédio do sindicato a fim de cumprir a ordem. Contudo, parte deles desertou, passando para o lado dos amotinados, enquanto os demais voltaram para o quartel. Daí em diante, a situação evoluiu rapidamente. Mota destituiu o almirante Cândido Aragão do Comando dos Fuzileiros Navais. Depois, face à indecisão de Jango em punir os marinheiros, demitiu-se. O novo ministro da Marinha nomeado pelo presidente reconduziu Aragão ao posto. Foi uma vitória dos amotinados. Maior que essa, só mesmo a desastrada decisão de João Goulart de anistiar todos os envolvidos na rebelião.

Dois valores cardeais para as Forças Armadas – disciplina e hierarquia – foram desrespeitados pelos marinheiros. A esquerda, incluindo o PTB, buscou conferir um conteúdo político ao motim. Pior ainda foi a posição assumida por Jango, que não autorizou a punição dos revoltosos. A agitação militar, portanto, misturou-se à radicalização política. E na visão do oficialato, era como se o rompimento com a disciplina e a hierarquia tivesse contado com beneplácito do presidente e das forças que o apoiavam. Assim, Jango perdeu o apoio dos militares legalistas, convencidos de que era preciso derrubá-lo para salvar as instituições militares e a democracia.

O segundo episódio ocorreu menos de uma semana depois. No dia 30, Goulart compareceu à festa promovida pela Associação dos Sargentos e Suboficiais da Polícia Militar na sede do Automóvel Clube, no Rio de Janeiro. No momento em que se esperava de Jango um gesto, um aceno, um movimento de aproximação dos oficiais das Forças Armadas, o presidente, ao contrário, pareceu não ter tirado lições da semana anterior. Acompanhado por um cortejo de ministros, Jango fez um pronunciamento incendiário. Abordou a questão da disciplina e da hierarquia militar e, de passagem, ainda tocou no tema das reformas.

A hora do golpe, enfim, tinha chegado. Na madrugada do dia 31 de março, tropas lideradas pelo general Olympio Mourão Filho se deslocaram de Minas Gerais em direção ao Rio de Janeiro. Rapidamente, o movimento golpista foi conquistando adeptos dentro das Forças Armadas. Da direita civil também surgiam manifestações de apoio à derrubada do presidente. Políticos, jornais e setores da sociedade saíram em defesa da intervenção – até mesmo porque, em alguns casos, já vinham conspirando com os militares golpistas há bastante tempo. A deposição do presidente, portanto, tratou-se de um golpe civil *e* militar.

No dia seguinte, indeciso sobre o que fazer, Jango resolveu ir para Brasília, de onde seguiu para Porto Alegre, poucas horas depois. À noite, o presidente do Congresso Nacional convocou uma sessão extraordinária, quando declarou vaga a Presidência da República, embora Goulart não tivesse renunciado nem tampouco saído do país – casos em que a Constituição previa a vacância do cargo. Na madrugada do dia 02 de abril, seguindo o rito constitucional, tomou posse interinamente o presidente da Câmara dos Deputados, Ranieri Mazzilli. Jango confiou nas forças legalistas, mas seu dispositivo militar tinha falhado. E a esquerda, ao acreditar no presidente, foi levada de roldão junto com ele.

Ensaios de luta armada

Em menos de três anos, era a segunda vez que Mazzilli assumia a Presidência da República. Porém, todos sabiam que sua chegada ao Planalto era produto do simples acaso constitucional. Ainda naquela madrugada, o Estado-Maior do Exército divulgou uma nota à imprensa informando que o marechal Arthur da Costa e Silva, na qualidade de membro mais antigo do Alto Comando militar, assumia o cargo de Comandante-em-Chefe do Exército brasileiro – função tradicionalmente exercida pelo presidente. Era um sinal de que Mazzilli poderia estar no poder, mas o poder encontrava-se em outro lugar: com os militares.

Em seguida, Costa e Silva organizou o Comando Supremo da Revolução, formado pelos comandantes das três Armas: brigadeiro Francisco Corrêa de Melo, da Aeronáutica; vice-almirante Augusto Rademaker, da Marinha; além do próprio marechal, representando o Exército. Uma semana depois, o triunvirato editou o primeiro Ato Institucional (AI-1), tornando indiretas as eleições para presidente e vice, suspendendo as garantias constitucionais pelo período de seis meses e outorgando aos comandantes das Forças Armadas o direito de, em nome "da paz e da honra nacional", suspenderem direitos políticos pelo prazo de dez anos e cassar mandatos legislativos nas três esferas de poder.

Luta armada no Brasil

Instalava-se, assim, o Estado de exceção. O curioso é que a justificativa para o golpe contra a democracia tinha sido a manutenção do próprio regime democrático. A exceção, portanto, não poderia se apresentar como tal. E era justamente esse o sentido do AI-1, instrumento que sequer constava na constituição em vigor: dar uma roupagem legal ao novo regime. No dia 11 de abril, o Congresso Nacional, já depurado pelas cassações, elegeu o novo presidente da República: marechal Humberto Castello Branco, empossado quatro dias depois. Para evitar surpresas, na véspera da votação, os comandantes militares cassaram o mandato de 40 parlamentares, além de suspender os direitos políticos de uma centena de cidadãos.

A esquerda, duramente reprimida logo após o golpe, ficou sem rumo diante da rapidez com que os fatos se sucederam. Jango, que sempre afirmou contar com o apoio das Forças Armadas, mostrou que sua base de sustentação entre os militares era muito frágil. Com a tomada do Rio de Janeiro e as manobras constitucionais operadas em Brasília, as forças que o apoiavam imaginaram que o presidente resistiria ao golpe. Em Porto Alegre, Brizola tinha assumido o controle político da cidade depois que o governador Ildo Meneghetti fugira para Passo Fundo. De lá, insistiu para que o cunhado montasse um governo provisório no Rio Grande do Sul.

Jango, ameaçado de prisão, preferiu não resistir, fugindo para o Uruguai no dia 04 de abril. Naquele ínterim, os Estados Unidos reconheceram a legalidade do novo governo brasileiro. A morte de Kennedy, assassinado em 1963, levou consigo a estratégia diplomática. O avanço comunista na América Latina deveria ser contido pela força das armas. Quando, em março de 1964, Thomas Mann, integrante do primeiro escalão do governo norte-americano, declarou que os Estados Unidos não puniriam as juntas militares que derrubassem regimes democráticos, tinha sido dada a senha para o golpe contra Goulart.

Tropas do Exército ocupam as ruas do Rio de Janeiro

O epílogo pecebista

A principal força política de esquerda no período anterior à deposição de Jango foi o Partido Comunista Brasileiro. O início dos anos 1960 representou o apogeu da trajetória pecebista. Mesmo na ilegalidade, o partido manteve estreitas ligações com o movimento sindical, estudantil e o próprio governo federal – sobretudo após a inflexão à esquerda de João Goulart, no segundo semestre de 1963. O PCB tinha conquistado espaço nas ruas e nos corredores do poder, influenciando a luta política travada pelos movimentos sociais e fustigando o presidente da República a não recuar na realização das reformas.

A linha seguida pelo partido na conjuntura imediatamente anterior ao golpe fundamentou-se nas decisões do seu V Congresso, realizado em 1960, quando foram retomadas as principais diretrizes da declaração política aprovada em 1958. Naquele ano, ao contrário das avaliações anteriores, o PCB reconheceu o desenvolvimento do capitalismo no Brasil, a ampliação do mercado interno, a criação de uma importante indústria de base e o crescimento do operariado e da burguesia. Em pleno governo JK, de fato era muito difícil não aceitar que mudanças radicais estavam ocorrendo na economia e na sociedade.

Contudo, a concepção do partido sobre a *revolução brasileira* continuou praticamente a mesma das avaliações anteriores. O Brasil seria um país com características feudais ou semi-feudais no campo, bloqueando o pleno desenvolvimento capitalista. Nesse cenário, era preciso aprofundar as contradições do sistema econômico para fazer a revolução socialista. Mas os resquícios feudais impediam seu total desenvolvimento, situação que era reforçada pelos laços estabelecidos entre os setores feudais dominantes e o imperialismo (especialmente o norte-americano), interessado em manter o relativo atraso da economia brasileira.

Em tese, à articulação entre o imperialismo e seus aliados nacionais se contrapunha a maioria da sociedade brasileira, incluindo operários, camponeses, pequena burguesia urbana e burguesia nacional – esta, tida como independente e progressista. Daí, portanto, a proposta de uma *frente ampla* reunindo todos esses setores sob a direção da classe trabalhadora e de seu partido – o PCB, evidentemente – para derrotar, de uma só vez, o inimigo externo e interno. Na época, o partido chegou até mesmo a considerar a participação na frente ampla de latifundiários que supostamente guardavam contradições com o imperialismo norte-americano e de setores da burguesia ligados a monopólios imperialistas rivais ao estadunidense.

A revolução brasileira, assim, teria duas etapas. A primeira, de caráter *burguês* ou *nacional-democrático*, seria anti-imperialista e anti-feudal. Só então viria a segunda fase, propriamente *socialista*. Com essa interpretação, o PCB – o mesmo da Intentona de 1935 –

fazia um giro no sentido da democracia. A ofensiva revolucionária ficava em segundo plano. Era possível chegar ao socialismo pacificamente, sem o confronto armado. Porém, havia uma ressalva: se os "inimigos do povo brasileiro" utilizassem de violência, advertia o PCB, as forças progressistas poderiam recorrer a uma "solução não pacífica". Na reunião de 1960, o partido abandonaria quaisquer pudores, falando abertamente em "luta armada" como forma de resistência.

Em 1961, quando Jango assumiu a Presidência da República, aquilo que o PCB vinha debatendo teoricamente parecia encontrar correspondência na realidade. Era como se o prognóstico pecebista se concretizasse. O partido estava no rumo certo. Embora não fosse comunista, Goulart era historicamente ligado aos setores que o PCB acreditava serem antagônicos ao imperialismo e ao feudalismo. O protagonismo dos movimentos sociais, que pressionavam o governo em favor das reformas, era o sinal de que o *povo* empunhava as mesmas bandeiras do partido. Quando Jango decidiu seguir sozinho com a esquerda, os pecebistas acreditaram que a primeira etapa da revolução se aproximava.

Sabiam, contudo, que haveria resistências. Mas garantiam ter forças suficientes para lutar contra a direita. Às vésperas do golpe, Prestes chegou a dizer que, se tentassem depor o presidente, "teriam as cabeças cortadas". O vigor da retórica se estendeu também à esquerda não-comunista. Brizola ameaçava com os *Grupos dos Onze*, organizados pelo líder gaúcho para defender as reformas de base – inclusive com uso da violência. Eles, porém, nunca esboçaram reação alguma. No campo, Francisco Julião, líder das Ligas Camponesas, garantia ter cem mil homens armados, prontos para dominar rapidamente estados da região. Mas tudo não passava de blefe. Quando veio o golpe, Julião se escondeu até a poeira baixar.

Com os crescentes rumores de golpe, a esquerda acreditou que deveria dar o primeiro passo. O povo já estava a seu lado. Faltava apenas o sinal verde de Jango. Vacilante (ou prudente),

Goulart confiou na legalidade. No dia 31, o golpe chegou: só que pela direita. A desconfiança tornou-se generalizada. O PCB temia que o presidente, em quem havia confiado, derrotasse os golpistas e, por tabela, isolasse a esquerda. Por isso, naquele mesmo dia, Prestes instruiu as bases estudantis a não radicalizarem a situação. Os comunistas não perceberam que o caminho era sem volta. A autoconfiança, os discursos acalorados e as ameaças explícitas caíram como um castelo de cartas.

À derrota seguiu-se uma ferrenha disputa interna no PCB para examinar as causas do golpe e definir a linha política a ser seguida naquela nova conjuntura. Para a maioria do Comitê Central, o partido teria superestimado a correlação de forças da sociedade, avaliando mal as condições objetivas da revolução. Um evidente *desvio à esquerda*. Porém, setores importantes do PCB fizeram uma avaliação oposta à autocrítica oficial. O erro do partido teria sido apostar na aliança com Jango e no apoio militar que o presidente dizia ter, sem preparar a militância para resistir a um golpe cada vez mais iminente. Um claro *desvio à direita*.

Os primeiros anos da ditadura, portanto, foram marcados pela intensa luta política dentro do PCB. A postura assumida pelo partido antes do golpe passou a ser duramente questionada, assim como sua estratégia revolucionária. A formação de uma frente ampla com a pequena burguesia urbana e a burguesia nacional tinha se mostrado equivocada. Esta, inclusive, revelara não ser antagônica ao imperialismo nem tampouco nacionalista, como argumentava o PCB. No final, acabou prevalecendo a posição moderada, sob a liderança de Prestes.

Os comunistas não quiseram arriscar com um novo desvio à esquerda, afastando-se do caminho da luta armada – ilegal e clandestino. Sua nova tática política consistiu em apoiar o Movimento Democrático Brasileiro, único partido de oposição legalmente reconhecido depois de 1965. Os efeitos colaterais dessa luta interna foram decisivos para o futuro do PCB, embora há algum tempo o partido já viesse disputando com outros grupos a hegemonia no campo esquerdo. Para o *Partidão*, era como se um velho fantasma ressuscitasse. Os expurgos e as manobras internas para isolar suas correntes mais radicais não tinham surtido o efeito esperado.

As outras esquerdas

Em fevereiro de 1961, foi fundada em São Paulo a Organização Revolucionária Marxista-Política Operária (ORM-POLOP), abrigando diversos setores descontentes com a linha oficial do PCB. A POLOP criticava a interpretação comunista sobre a realidade brasileira e, consequentemente, a estratégia revolucionária adotada pelo partido. O capitalismo, na visão dos polopistas, estava plenamente constituído no país, não havendo, portanto, nenhum resquício feudal ou semi-feudal que impedisse seu desenvolvimento. Na medida em que a classe burguesa já estava no poder, a revolução deveria ser necessariamente socialista, numa só etapa.

O objetivo da revolução mudava porque a questão principal não era mais destruir os obstáculos ao avanço capitalista, mas, sim, tomar o poder da burguesia, vista em articulação com o imperialismo e os latifundiários. Se a interpretação da realidade brasileira e a perspectiva revolucionária eram diferentes, a tática política também se deslocava. Em vez da aliança, o confronto. No lugar da luta democrática, a luta armada. Daí a recusa em participar do movimento pelas reformas, visto como conciliador. A POLOP, assim, anunciava uma posição que se generalizaria a partir de 1964.

Seus quadros eram formados basicamente por estudantes e militares de baixa patente. Nada mais contraditório para um grupo que definia o operariado como principal agente da revolução. Antes do golpe, a POLOP chegou a ter um assento na diretoria da União Nacional dos Estudantes (UNE) e controlar alguns diretórios acadêmicos. No caso dos militares, os polopistas dividiram com

Brizola a influência entre os subalternos das Forças Armadas. Por isso mesmo, quando Jango foi deposto, a organização aglutinou, ainda que em menor número, os militares de baixa patente que se opuseram ao novo regime.

Os contatos entre Brizola e os subalternos do Exército e da Aeronáutica vinham sendo cultivados desde a Campanha da Legalidade. Dali em diante, o ex-governador tornou-se o principal expoente da chamada *esquerda nacionalista*. Em contraste com o PCB, que defendia uma revolução pacífica, Brizola assumiu uma postura ostensivamente belicosa. Foi emblemático, nesse sentido, que a proposta de formação do Grupo dos Onze tenha partido do líder gaúcho. Dadas as características da própria atividade militar, foi natural que um contingente cada vez mais politizado de sargentos, cabos, marinheiros e fuzileiros navais tenha se aproximado de figura de Brizola – até mesmo em virtude da identificação dos militares com a bandeira do nacionalismo.

No meio rural, a principal força política do período anterior ao golpe foram as Ligas Camponesas, organizadas por Julião em 1955. Até o final daquela década, a atuação das Ligas esteve limitada à defesa legal dos interesses dos camponeses de Pernambuco. A convergência de interesses garantiu, inclusive, o apoio dos comunistas à sua atuação no Nordeste brasileiro. Porém, a partir de 1960, as diferenças políticas acabaram separando Julião do PCB. Condizentes com sua proposta de revolução pacífica, os comunistas defendiam uma reforma agrária negociada, o que passou a ser rejeitado pelos camponeses.

A inflexão à esquerda se deu quando Cuba cruzou com o caminho das Ligas. Era 1962. Fidel Castro conclamava as lideranças de movimentos sociais a iniciarem a luta de guerrilhas na América Latina. Para subverter a ordem, alterando o tabuleiro político-ideológico do continente, o governo cubano começou a *exportar* sua própria revolução. No Brasil, as Ligas Camponesas seriam o primeiro grupo a receber ajuda de Cuba para iniciar a guerrilha rural.

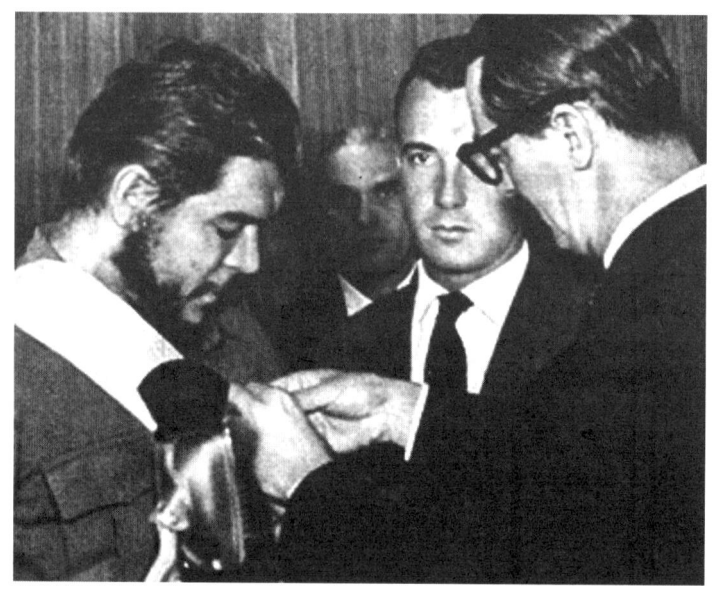

Jânio Quadros condecorando Che Guevara

Curiosamente, enquanto o governo cubano fornecia armas, dinheiro e treinamento militar para as Ligas, intervindo explicitamente nos destinos políticos do Brasil, o governo brasileiro defendia a permanência de Cuba na Organização dos Estados Americanos. Em 1961, numa rápida passagem por Brasília, Che Guevara chegou a ser condecorado pelo presidente Jânio Quadros com a Ordem Nacional do Cruzeiro do Sul – a mais alta honraria brasileira atribuída a estrangeiros. Definitivamente, os sinais estavam trocados. A soberania nacional valia para Cuba, cujo destino político deveria ser respeitado, mas não para o Brasil, onde Fidel patrocinava a revolução.

As semelhanças entre Cuba e as Ligas Camponesas terminaram aproximando o governo de Castro do grupo de Julião. A presença de uma vanguarda política, o pano de fundo rural e o componente camponês eram comuns a ambos. A definição pelo socialismo e pela luta armada estreitou a base social das Ligas, que, a despeito do nome, passaram a reunir muitos estudantes e poucos camponeses. Tanto é verdade que, no início daquele ano, quando a organização estabeleceu um campo guerrilheiro em Goiás, a maioria dos militantes ali presentes era formada por secundaristas e universitários trazidos de Pernambuco. O campo, porém, duraria poucos meses.

Naquele meio tempo, Julião lançou o Movimento Revolucionário Tiradentes (MRT), tentando recuperar o poder dentro das Ligas e contrapor-se à influência pecebista no flanco esquerdo. O MRT chegou a comprar algumas fazendas para realizar treinamentos guerrilheiros. Contudo, ainda em 1962, a polícia desmontou a estrutura revolucionária das Ligas, apreendendo armas, munições e prendendo dirigentes importantes. Fracassara, sem nem ao menos ter começado, a primeira tentativa revolucionária patrocinada por Cuba em terras brasileiras.

Outro grupo que disputou com o PCB a hegemonia dentro da esquerda foi o Partido Comunista do Brasil (PCdoB). Embora tivesse crescido bastante no final dos anos 1960, desencadeando uma das mais importantes experiências guerrilheiras da ditadura militar, quando foi criado, em 1962, o PCdoB não passava de uma pequena dissidência do Partidão. Quatro anos antes, o PCB aprovara um documento político em que reconhecia a possibilidade da transição pacífica para o socialismo. Mas a preparação do documento ficou a cargo de uma comissão tão secreta que nem mesmo o Comitê Central e a Comissão Executiva do partido sabiam de sua existência.

Foi assim, meio às escondidas, que a nova linha política do PCB ganhou corpo, apesar de a mudança contar com o apoio da maioria de suas bases. Alguns dirigentes que se opuseram à guinada no sentido da democracia foram sumariamente excluídos da direção nacional. Em 1961, o partido encaminhou ao Tribunal Superior Eleitoral seu pedido de registro. Os comunistas já estavam na clandestinidade há praticamente quinze anos. Na época, as lideranças afastadas alegaram que o processo de legalização do PCB tinha distanciado o partido do marxismo. Era preciso defendê-lo. Mas os antigos *camaradas* estavam seduzidos pela ilusão democrática.

A única solução era salvar o verdadeiro partido comunista. Assim surgiu a cisão que criou o PCdoB. Em fevereiro de 1962, a minoria comunista realizou uma Conferência Nacional Extraordinária formalizando a divisão interna. Os dissidentes, que se proclamavam legítimos herdeiros da tradição iniciada em 1922, ano de fundação do PCB, passaram a considerar o PCdoB como sendo o verdadeiro e único partido da classe trabalhadora. Contudo, uma questão importante permanecia: para além das divergências em torno da via pacífica, que mais diferenciava o novo partido do anterior, em disputa pelo espólio comunista?

O PCdoB teve muitas dificuldades para seguir um caminho alternativo do antecessor. Sua interpretação da realidade brasileira e concepção revolucionária continuaram praticamente as mesmas do PCB. A responsabilidade pelos problemas econômicos e sociais do país foi atribuída ao imperialismo e ao latifúndio. Articulados, mantinham um desenvolvimento dependente do capital estrangeiro e uma estrutura agrária excludente. A revolução, portanto, também era dividida em duas etapas, sendo a primeira anti-imperialista e anti-latifundiária – próximo da perspectiva do PCB.

Foi em termos táticos, porém, que a inflexão do PCdoB tornou-se mais explícita. No afã de aparecer à esquerda de sua matriz, o partido flertou com alternativas radicais, como a luta armada. Sua concretização, porém, só aconteceria após o golpe de 1964. Para o PCdoB, a via pacífica para o socialismo se tornara uma saída inviável diante da violência a que recorriam as classes dominantes para ameaçar os movimentos sociais. A defesa explícita da luta armada, contudo, não figuraria no roteiro do PCdoB nesse momento. Até a derrubada de Jango, o partido seguiu hesitante entre optar ou não pela violência revolucionária.

Luta armada no Brasil

Bem diversa das anteriores, a Ação Popular (AP) foi outra organização que marcou o debate dentro da esquerda brasileira no início da década de 1960. Criada por setores da Juventude Universitária Católica (JUC), entidade estudantil ligada à Igreja, a AP representou um caso típico de ativistas cristãos convertidos ao marxismo-leninismo. Em virtude de sua crescente organização, a JUC passou a liderar a frente de esquerda que dirigia a UNE, na época. Formou-se, assim, um imbricado cipoal envolvendo religião, movimento estudantil e política.

Embora tenha surgido como uma organização fundamentalmente religiosa, a AP logo acabou sendo hegemonizada por outro grupos. Até mesmo pela relação estabelecida como movimento estudantil, que não era, a rigor, religioso. Foi significativo, nesse sentido, que em sua primeira reunião nacional, em 1963, a AP tenha aprovado um documento-base sem nenhuma referência expressa ao cristianismo. A influência religiosa, porém, não desaparecera completamente. De outro lado, a sombra da Revolução Cubana mais uma vez encobria a história brasileira. As ideias que chegavam de Cuba foram decisivas para a inflexão à esquerda da AP.

A mistura de cristianismo com marxismo levou a Ação Popular ao encontro do *socialismo humanista*. Para a AP, a revolução brasileira seria imediatamente socialista, sem o *etapismo* que caracterizou o PCB. A visão dual, entretanto, continuou intacta. Haveria um sistema arcaico e feudal, no campo, coexistindo com um capitalismo em desenvolvimento. Para lutar contra a dominação nacional e internacional, a AP definiu como seu principal objetivo a organização política dos operários e camponeses, numa espécie de preparação revolucionária para o socialismo.

Além dos estudantes, maioria na organização, a AP também incorporou à sua base diferentes categorias profissionais, como professores, artistas, jornalistas e profissionais liberais; lideranças camponesas, sobretudo da região Nordeste; e, no campo religioso, militantes não-católicos. Dentro da esquerda, diferenciou-se do

PCB por conta de sua concepção revolucionária e da POLOP por sua inserção nos movimentos sociais. A despeito das posições à esquerda, durante o governo Jango, a Ação Popular assumiu uma postura *reformista*, participando ativamente do movimento pelas reformas de base.

Em busca de uma resposta

Embora o PCB fosse a principal força de esquerda no período anterior ao golpe, a esquerda não ficou limitada ao partido. Os comunistas tiveram muito trabalho para conquistar apoios às suas propostas ao mesmo tempo em que disputavam com a POLOP, o nacionalismo brizolista, o PCdoB (que levara parte de suas bases) e a AP a hegemonia no campo esquerdo. Quando João Goulart foi deposto, todos queriam saber por que o golpe não encontrara resistências. Se o dispositivo militar do presidente tinha falhado, onde estavam as massas, que pareciam ao lado da esquerda até então? Começou a busca pelo bode expiatório.

E foi aí que o PCB entrou em cena. Pouco antes do golpe, sua liderança frequentemente falava de um hipotético enfrentamento. Especulava sobre a possibilidade de a direita tomar o poder. Mas as vitórias de 1961 e 1963, além do amplo apoio que passou a ter durante o movimento pelas reformas, embaçaram a visão dos comunistas. Subestimaram a capacidade de o inimigo dar o primeiro passo. Consideravam poder vencê-lo facilmente. Falavam de um combate cada vez mais próximo, mas, na verdade, nunca se prepararam para ele.

Quando as tropas de Mourão chegaram ao Rio de Janeiro, a esquerda foi pega de surpresa. Naquele dia, Prestes chegou a manter 40 mil militantes do partido de sobreaviso. A resistência, porém, nunca se concretizou. Com o passar do tempo, consolidou-se uma versão segundo a qual o golpe teria sido possível, pelo lado da esquerda, graças ao imobilismo do PCB. O partido, ao esperar pelo presidente, teria impedido suas bases de resistirem à ofensiva militar, permitindo uma vitória tranquila dos insurgentes.

De fato, criou-se uma complexa e nem sempre compartilhada rede de confiança: o partido acreditava em seu Comitê Central; este, em Luís Carlos Prestes; o *Cavaleiro da Esperança* confiava em Jango. No final das contas, todos ficaram a reboque de João Goulart. E quando o presidente caiu, levou consigo o PCB. A esquerda, por tabela, foi desmantelada junto com o Partidão. A tese do *reboquismo*, contudo, embora seja parcialmente verdadeira, apagou o aspecto ofensivo que sempre cercou a trajetória pecebista – basta lembrarmos a Intentona de 1935. Lentamente, cristalizou-se a ideia de que o partido não compartilhava do emprego da violência revolucionária.

Prestes, o *Cavaleiro da Esperança*

Entretanto, a inflexão democrática do PCB teve um sentido meramente estratégico. O partido não defendia a democracia como regime político, mas como caminho rumo ao socialismo. Para o PCB, a democracia *burguesa* não tinha nenhuma virtude em si mesma. Sua incorporação à linha política do partido, portanto, deve ser entendida como uma concessão meramente circunstancial. Enquanto serviu a seus interesses, o PCB defendeu a via democrática e pacífica para a revolução. Quando pensou ter força suficiente para dar o golpe, não hesitou em apoiá-lo.

É curioso notar que as diferentes avaliações sobre o caráter da revolução brasileira conservaram muitos pontos em comum, embora, à primeira vista, existissem profundas divergências entre elas. Mesmo para as organizações que defendiam a revolução socialista, numa só etapa, o latifúndio e o imperialismo continuavam a ser vistos como fatores inibidores do desenvolvimento capitalista. Após o golpe, quando surgiram várias dissidências com origem no PCB, o componente nacional e internacional manteve-se praticamente o mesmo. A burguesia, porém, tinha revelado sua verdadeira face. Ao apoiar o golpe, mostrara não ser mais possível alimentar qualquer ilusão a seu respeito.

As dissidências que assumiram como objetivo principal a formação de um *governo popular-revolucionário* não conseguiram afastar-se da visão etapista do PCB. Havia, contudo, pequenas diferenças com o Partidão. Se para os comunistas ainda era preciso cumprir a etapa nacional-democrática, para seus críticos a fase burguesa estava encerrada. Afinal, a burguesia já era a classe no poder. Enquanto o PCB acreditava que o imperialismo e as relações feudais no campo bloqueavam o desenvolvimento capitalista, suas dissidências afirmavam que o capitalismo brasileiro estava articulado com os interesses estrangeiros e o atraso nas relações no campo.

Se não era mais possível opor a burguesia ao imperialismo e ao latifúndio, a fase intermediária da revolução tampouco desaparecia. Mas, em vez de *burguesa* ou *nacional-democrática*, sua primeira etapa seria *popular-revolucionária*. Era uma interpretação derivada da *teoria da dependência*, segundo a qual os países subdesenvolvidos não poderiam mais crescer dentro do sistema capitalista, cujas forças produtivas estariam estagnadas. Dessa forma, a manutenção do capitalismo só poderia ser garantida sob a força das baionetas. Em plena ditadura, a teoria da dependência logo ganhou muitos adeptos.

A interpretação da realidade brasileira era a seguinte: o país não conseguiria crescer sob o capitalismo, bloqueado pela articulação entre burguesia, latifúndio e imperialismo. Essa aliança, bem como a manutenção do sistema econômico, era patrocinada pela ditadura militar. Limitado, incapaz de incorporar as massas trabalhadoras, o capitalismo precisava ser subvertido. A destruição do *aparelho burocrático-militar* do *Estado burguês-latifundiário* tornava-se a principal tarefa da esquerda. O cenário já estava pronto. Faltava apenas forjar as condições subjetivas para a revolução. Daí para a deflagração da luta armada foi apenas um passo.

Da mesma forma, os grupos que, após o golpe, defenderam a revolução socialista como tarefa do *presente* não conseguiram ultrapassar o etapismo do PCB. O combate às teses pecebistas era uma referência comum para a esquerda radicalizada. Mas, ao contrário do que faziam crer, suas avaliações não rompiam com o esquema interpretativo do Partidão. A visão dos *socialistas* também comungava com os pressupostos da teoria da dependência. Na medida em que a burguesia estava articulada ao latifúndio e ao imperialismo, bloqueando o desenvolvimento das forças produtivas, era preciso combater a própria burguesia. A etapa *burguesa* ou *nacional-democrática* já estava cumprida. A revolução deveria ser necessariamente socialista.

Esboços frustrados

Em contraste com o período anterior, quando a esquerda brasileira se restringiu ao PCB e a pequenos agrupamentos críticos da linha comunista, o cenário aberto em 1964 ficou marcado por uma verdadeira confusão de siglas. Para o PCB, pior do que a deposição de João Goulart só mesmo a onda se divisões internas que se sucedeu ao golpe. As críticas (dentro e fora do partido) não eram desferidas apenas contra sua concepção revolucionária e a postura reboquista assumida no governo Jango. Criticava-se também a estrutura organizativa do PCB. A rígida hierarquia e a extrema burocratização do partido, envolvido em infindáveis discussões teóricas, sem nunca passar à prática, teriam sido responsáveis pela derrota em 1964. Embora fosse uma posição compartilhada pelas dissidências do partido, nem todas seguiram juntas em torno desse ponto.

Parte delas acreditava que a concepção marxista-leninista clássica de um partido revolucionário, responsável por conduzir a luta armada no campo e nas cidades, não deveria ser abandonada. Se era verdade que a estrutura organizativa do PCB tinha levado ao imobilismo, a importância do partido de vanguarda, por sua vez, não perdera sua validade. Foi natural, portanto, que tivessem se aproximado do *maoísmo* chinês. De acordo com essa teoria, o partido se sobrepunha à guerrilha; o fator político era mais importante que o componente militar.

De outro lado, algumas dissidências assumiram uma posição extremamente crítica à estruturação da vanguarda como partido. A luta armada exigiria grande agilidade, o que era inibido pelo modelo clássico de organização. Em vez de debates intermináveis, travados entre quatro paredes, longe da concretude do real, era preciso passar à ação. Ela seria a responsável por construir o partido, e não o contrário. Cuba novamente jogou um papel importante para consolidar essa posição. Para o *foquismo cubano*, diferente da perspectiva chinesa, a guerrilha predominava sobre o partido e o componente político subordinava-se ao fator militar.

Ainda no início da ditadura, a base universitária do PCB se esfacelou por completo com a formação das chamadas *dissidências estudantis*. As principais, de onde sairiam muitos estudantes que alimentaram as organizações armadas nos anos seguintes, foram constituídas no Rio de Janeiro, Guanabara, São Paulo, Minas Gerais e Rio Grande do Sul. O início da década de 1960 foi um período de intensa politização do movimento estudantil. Secundaristas ou universitários, muitos deles militaram nas organizações de esquerda (não só o PCB) que existiam antes do golpe. A luta pela reforma universitária, em especial, garantiu aos estudantes um lugar de

Luta armada no Brasil

destaque no movimento pelas reformas – período em que se envolveram com outros setores da sociedade.

Contudo, apesar das divisões na hoste pecebista, os primeiros esboços de luta armada não partiram dali, mas dos grupos que, antes de 1964, conseguiram atrair para suas propostas os militares de baixa patente. Esse foi o caso da POLOP e do nacionalismo brizolista. O golpe foi uma espécie de prenúncio da intensa repressão que recairia sobre os subalternos insurgentes. Praticamente todos foram presos, processados e expulsos das Forças Armadas. Afastados de suas funções, muitos acreditaram não haver outra saída a não ser entrar para a clandestinidade e desencadear a oposição armada.

Ainda no primeiro semestre de 1964, inspirados pelo foquismo cubano, líderes da POLOP no Rio de Janeiro tentaram iniciar a guerrilha rural em articulação com ex-militares. A ideia era instalar o foco revolucionário em Minas Gerais. As articulações entre polopistas e marinheiros estavam a pleno vapor quando a repressão surpreendeu a todos. Infiltrados entre os conspiradores, agentes do Centro de Informações da Marinha estouraram os apartamentos – chamados de *aparelhos* – onde aconteciam as reuniões, no episódio que ficou conhecido como *guerrilha de Copacabana* – bairro nobre do Rio de Janeiro onde se localizavam os aparelhos desmantelados. Uma impropriedade, é claro. Afinal, os *guerrilheiros* não conseguiram nem mesmo vencer os limites da Zona Sul carioca. Quanto mais chegar à zona rural mineira.

No ano seguinte, uma nova tentativa. Dessa vez, ligada ao movimento nacionalista de Brizola, que se exilara no Uruguai após o golpe. Do outro lado da fronteira já estavam o ex-presidente João Goulart e centenas de brasileiros – civis e militares – que tinham fugido da repressão. Jango, porém, nunca tomou parte da oposição armada à ditadura. Em 1966, chegou a participar da *Frente Ampla*, em conjunto com Carlos Lacerda e JK – ambos afastados do centro do poder pelos militares. Era uma tentativa de lutar pacificamente pela restauração do regime democrático no país.

Mas a Frente Ampla teve vida curta. Dois anos após seu lançamento, foi proibida de funcionar pelo Ministério da Justiça. Entre 1976 e 1977, num espaço de menos de um ano, seus principais signatários (Jango, Lacerda e Juscelino) morreram em circunstâncias que até hoje são motivos de controvérsia. Era a época da *Operação Condor*, aliança político-militar entre as ditaduras da América do Sul. Além da *causa mortis* dos três, a suspeita de que teriam sido eliminados a mando do governo brasileiro sempre ganhou fôlego – especialmente entre os familiares – em virtude da conjuntura sul-americana da época, marcada pela perseguição a opositores políticos.

No dia 23 de março de 1965, sob a liderança do coronel Jefferson Cardim, um destacamento formado por cerca de vinte homens armados, quase todos subalternos expulsos das Forças Armadas, tomou a pequena cidade de Três Passos, no Rio Grande do Sul. Após a leitura de um manifesto, transmitido pela rádio local, o grupo atravessou o estado de Santa Catarina até chegar ao Paraná. Os jornais da região logo começaram a publicar as primeiras notícias do levante.

Cardim e seus homens pensaram repetir a marcha de 1930, que levou Getúlio ao poder. Tinham esperanças de conquistar novos apoios ao longo da caminhada. Mas o ano era 1966, e o Brasil vivia sob uma ditadura. Poucos dias após saírem de Três Passos, os ex-militares travaram seu primeiro e único combate com o Exército, no município de Capitão Leônidas Marques, oeste do Paraná. O nome da cidade, alterado dois anos antes, era uma homenagem a Leônidas Marques dos Santos, morto em combate quanto lutava ao lado das forças legalistas contra a *Coluna Prestes*, na década de 1920.

Por ironia, foi justamente ali, no município que levava seu nome, que a *Coluna Cardim* acabou sendo derrotada. Até então, oficiais das Forças Armadas sempre tinham sido poupados da tortura. Mas naquele ano, quando o Exército dispersou a tropa dirigida por Cardim, alguns combatentes foram levados presos e submetidos a intensas sevícias por parte de antigos *colegas* oficiais. Era um sinal dos tempos. Se nas sublevações anteriores os militares passaram ao largo dos castigos físicos, a situação havia mudado. O código de ética já não era o mesmo.

A derrota, porém, não enterrou o projeto guerrilheiro dos nacionalistas e dos ex-subalternos. Em 1966, partidários de Brizola no Brasil se articularam aos exilados no Uruguai para formar o Momento Nacionalista Revolucionário (MNR). À organização se juntaram ainda vários sargentos, cabos e marinheiros afastados de suas funções pela ditadura. Inicialmente, o MNR planejou lançar cinco frentes de combate, numa estratégia oposta à ideia cubana do foco guerrilheiro: uma na divisa de Minas Gerais com o Espírito Santo, na Serra do Caparaó; outra no Rio de Janeiro, na Serra do Mar; e as demais no Mato Grosso, Maranhão e Santa Catarina, na divisa com o Rio Grande do Sul.

As particularidades do MNR não impediram que o governo cubano apoiasse o movimento capitaneado por Brizola. Após o fracasso das Ligas Camponesas, Cuba passou a buscar novos parceiros para sua revolução continental. Foi então que surgiu o nome do ex-governador gaúcho. A ajuda cubana consistiu no apoio financeiro e logístico. Por intermédio de sua embaixada em Montevidéu, Cuba enviava alguns poucos recursos em dinheiro para a estruturação da guerrilha. Ao mesmo tempo, integrantes do MNR seguiam para a ilha, onde cursavam o mítico *treinamento guerrilheiro*. Em cinco meses, sob uma precária estrutura, os *alunos* tinham noções gerais de armamentos, explosivos e geografia.

As dificuldades para organizar o foco revolucionário e as sucessivas prisões de guerrilheiros frustraram os objetivo do MRN, que ficou limitado à Serra do Caparaó, onde o cenário parecia menos adverso. Em novembro de 1966, 14 guerrilheiros chegaram à região, instalando-se numa área cedida pela POLOP. Cinco deles tinham treinado em Cuba. O comando político do grupo ficou a cargo do professor Bayard Boiteux, no Rio de Janeiro. Em São Paulo, o MNR estabeleceu alguns contatos com militares expulsos das Forças Armadas – entre eles, o ex-sargento Onofre Pinto. Durante cinco meses, os guerrilheiros ficaram completamente isolados no Caparaó. O plano do MNR previa a realização de treinamentos antes de desencadear a guerrilha

Mas a ordem para iniciar a luta nunca chegava. Quando necessitavam de algum mantimento ou precisavam contactar o comando político, apenas um integrante do grupo descia a serra. Aos poucos, os emissários começaram a ser presos. Até que, no início de 1967, a polícia mineira descobriu o grupo. No dia 31 de março, os guerrilheiros desceram a serra, presos, sem nem ao menos dar um tiro. Chamado a ajudar, o Exército também prendeu alguns combatentes que, desavisados, permaneciam na região.

A denúncia do comando político levou os militares até Boiteux, preso logo em seguida. Em agosto, um policial infiltrado no núcleo do MNR em Uberlândia ajudou a desestruturar a organização na cidade. Não fosse por seu braço em São Paulo, o MNR praticamente teria desaparecido com o desmantelamento da *guerrilha do Caparaó*, como passou a ser chamada. A terceira ofensiva revolucionária caiu sem travar seu primeiro combate. Quanto à Cuba, mais uma vez o projeto de exportar a revolução foi abortado prematuramente. A busca por aliados continuou nos anos seguintes. E, diferente dos anteriores, seus novos parceiros não ficariam apenas no ensaio.

Golpe dentro do golpe

A derrota do MNR teve duas consequências para Leonel Brizola. A primeira foi a perda do apoio cubano, que começou a enxergar nos agrupamentos da esquerda marxista radicalizada uma nova chance de fazer a revolução na América Latina. A segunda foi o próprio abandono da luta armada como forma de resistência à ditadura. Em certa medida, o *espírito voluntarista* (era preciso sair do imobilismo) e a *ilusão representativa* (o povo estava ao lado da esquerda) foram decisivos para que as primeiras tentativas de desencadear a luta armada não passassem de ensaios frustrados.

A partir de então, Brizola desistiu de qualquer projeto guerrilheiro. Ainda continuou no Uruguai algum tempo até ser expulso pela ditadura de lá. Depois, seguiu para os Estados Unidos e Portugal, de onde voltou apenas em 1979, já como anistiado político. A esquerda não lhe pouparia críticas pela estada norte-americana. Destino oposto tiveram os ex-militares do MNR. O fracasso não lhes tinha apagado a chama revolucionária. Mesmo na prisão, muitos expressaram o desejo de continuar na luta. Nos anos seguintes, parte deles acabaria engrossando as fileiras da esquerda armada.

No caso da POLOP, o desmantelamento do aparelho de Copacabana foi um mal presságio. A organização seria sacudida por uma profunda divisão interna, finalmente concretizada em 1967. As ambiguidades na combinação do foquismo com a doutrina polopista – que ainda previa alguma forma de trabalho político – levaram à formação de duas cisões: uma em São Paulo e outra em Minas Gerais e na Guanabara. Em São Paulo, os dissidentes se aproximaram dos ex-militares reunidos em torno de Onofre Pinto, da seção paulista do antigo MNR. Em dezembro de 1968, esse grupo organizaria a Vanguarda Popular Revolucionária (VPR).

Naquele mesmo ano, os dissidentes de Minas Gerais e da Guanabara criaram os Comandos de Libertação Nacional (COLINA). Não surpreendeu o fato de ex-subalternos do MNR ingressarem na VPR e nos COLINA. Afinal, ambos tinham origem na POLOP, organização que também abrigou muitos graduados expulsos das Forças Armadas. Mas nem todos os ex-militares da vertente brizolista seguiram o mesmo percurso. Parte deles acabou integrando outras tantas organizações que surgiram durante a ditadura, todas com pouca relevância política. Vítimas da repressão, seriam desmanteladas com extrema facilidade.

A esquerda se fragmenta

O PCB, que já tinha sofrido com a saída das dissidências estudantis, ficou ainda mais enfraquecido com a formação de duas cisões importantes que atingiram a base, como nas primeiras divisões, e também a cúpula do partido. Os constantes rachas que aconteceram entre 1964 e 1968 levaram consigo quase metade dos comunistas que sobreviveram à repressão política após o golpe. Comparado ao que tinha sido um dia, o PCB parecia uma velha caveira. Em pouco tempo, a alcunha de Partidão já não combinava mais com a sangria de militantes e a perda de influência dentro da esquerda.

Em vez de saírem do PCB, como já tinham feito as dissidências estudantis, alguns dirigentes resolveram ficar no partido, fazendo oposição à sua nova linha política. Por isso, receberam o nome de *Corrente Revolucionária*. Eram mais fortes nas seções do PCB em São Paulo, Rio de Janeiro, Guanabara e Rio Grande do Sul, ocupando, inclusive, cargos de direção. A corrente seria o berço de mais duas organizações armadas dos anos 1960: a Ação Libertadora Nacional (ALN) e o Partido Comunista Brasileiro Revolucionário (PCBR).

Em meados de 1966, Carlos Marighella, um dos nomes mais expressivos da ala oposicionista do PCB, foi eleito pelo Comitê Estadual de São Paulo para o cargo de primeiro-secretário. Sua escolha era uma afronta à direção nacional e uma clara evidência de que a seção paulista do PCB não aceitava a cartilha oficial do partido. Em abril de 1967, Marighella foi reeleito para o mesmo cargo, numa reunião em que foi aprovado um informe – apresentado pelo dirigente – contrário às posições do Comitê Central. Sob a liderança de Prestes, o partido interveio nas seções estaduais controladas pela Corrente Revolucionária. Caíram as direções eleitas democraticamente. E em seu lugar foram colocadas lideranças fantoches, sem qualquer representação. Formou-se um impasse dentro do partido. E a saída não tardaria a chegar.

O cenário era propício a autoritarismos desse tipo. Os dirigentes comunistas estavam na clandestinidade. A repressão se intensificava. Em meio aos encontros e desencontros típicos da vida subterrânea, não foi difícil afastar as lideranças hostis. Para aqueles que resistissem, havia ainda um expediente controverso: a chantagem. O partido sustentava os dirigentes ilegais e suas famílias. Convertidos em políticos profissionais, vivendo às escondidas, não podiam mais trabalhar. Romper com o partido, portanto, era arriscar perder o soldo oficial. Embora muitos tivessem tido essa coragem e desprendimento, houve casos de militantes que preferiram se resignar.

Em junho de 1967, Marighella viajou para Cuba, onde permaneceu durante quase todo o segundo semestre. No final de julho, seria realizada em Havana a Conferência da Organização Latino-Americana de Solidariedade (OLAS). O evento, patrocinado pelo governo cubano, visava a unificação das forças revolucionárias do continente, numa perspectiva oposta à linha adotada pelo PCB depois de 1964. Por isso mesmo, o partido não participou da OLAS, apesar de ter sido convidado. Mas Marighella, sim.

Ainda em Cuba, o dirigente foi expulso do PCB. Outros opositores também foram punidos. Era o afastamento definitivo da *ala Marighella*. No início de 1968, os dissidentes lançaram o Agrupamento Político de São Paulo, que a partir de dezembro assumiu o nome de ALN. Apesar dos contatos com o regime cubano, Marighella ainda tinha reservas em relação ao foquismo. Sua prática guerrilheira, contudo, mostraria que o modelo cubano seria aplicado no Brasil praticamente sem modificações. De qualquer modo, a ALN transformou-se no principal aliado de Cuba no país, tendo sido a organização que mais enviou militantes para o treinamento guerrilheiro na ilha.

A *ação* era o princípio fundamental da ALN. Influenciado pelo foquismo, Marighella defendia a subordinação do fator político ao militar, a preponderância da guerrilha sobre o partido, numa crítica mordaz ao PCB. Assim, tornou-se um dos principais pregadores do *terrorismo de esquerda*. Numa perspectiva próxima ao anarquismo, a ALN estruturou-se como uma federação de grupos relativamente independentes, todos coordenados por Marighella. Em tese, a ação revolucionária seria desencadeada por pequenos agrupamentos armados, autorizados a identificar o melhor momento de agir. Na prática, isso gerou muitos problemas para a ALN, sobretudo quando, diante da crescente repressão, seus comandos ficaram isolados um do outro.

Mesmo com o afastamento dos dissidentes ligados a Marighella, parte da Corrente Revolucionária do PCB ainda se manteve no partido por mais alguns meses. Até que, em abril de 1968, rompeu definitivamente com os comunistas, fundando o PCBR. Ao conservarem a sigla PCB, os dissidências revelavam o desejo de legitimar a nova cisão, diferenciado-se de sua matriz pelo rótulo de *revolucionário*. Enquanto isso, o PCdoB já tinha escalado um emissário para participar das articulações sobre a criação do PCBR e, em meio ao debates, tentar cooptar os dissidentes comunistas.

Dessa forma, o PCBR já nasceu cortado por divisões. O programa adotado pelo novo partido e as rápidas transformações na conjuntura, que davam lugar a diferentes interpretações, logo abriram espaço às lutas internas. Ao contrário de outras organizações, o PCBR definia a luta de massas como seu objetivo principal – sem excluir, é claro, a possibilidade de pegar em armas. Mas o fechamento definitivo da ditadura e o refluxo dos movimentos sociais em 1968 deixou o partido em contradição com o novo cenário. Enquanto a ALN, VPR e COLINA estavam imersos na luta armada, o PCBR via sua estratégia *massista* não encontrar mais correspondência na realidade.

O fato é que a crescente radicalização política levou a sucessivas divisões dentro da esquerda. A acusação de imobilismo que tinha recaído sobre o PCB agora era desferida contra os que, não percebendo a necessidade do enfrentamento armado, ainda estavam *presos* à exigência de um trabalho político (atividade de massas) como pré-requisito para deflagrar a guerrilha. No PCdoB, as divergências em torno desse ponto levaram à formação de novas cisões. Dentre elas, a Ala Vermelha, que também sofreria com os rachas mais adiante. Ao contrário do que imaginavam, a fragmentação da esquerda, ao invés de fortalecer, só enfraqueceu as organizações armadas, o que, em parte, facilitou o trabalho da repressão.

O curioso é que o PCdoB já tinha iniciado os preparativos para a guerrilha rural. Porém, secretamente. Nem todos sabiam que, a partir de 1966, o partido começou a enviar militantes para a região do Araguaia, localizada na divisa entre os atuais estados do Pará, Maranhão e Tocantins – na época, pertencente a Goiás. A pecha colocada sobre o PCdoB, portanto, não era verdadeira. Se para escapar da repressão, o partido manteve o projeto guerrilheiro em segredo absoluto, com isso, acabou convencendo seus próprios militantes de que nada fazia para deflagrar a luta armada.

Na mesma época, a Ação Popular também sofreu com as divisões internas. Antes do golpe, a AP já tinha perdido parte de suas bases quando aderiu ao marxismo, o que, por sua vez, ensejou uma nova divergência: a opção pelo foquismo ou pelo maoísmo. Aos poucos, a AP foi se inclinando para o modelo chinês. Se de um lado isso afastou mais alguns militantes, de outro permitiu que a Ação Popular se aproximasse do PCdoB (alinhado ao regime de Mao Tsé-Tung), reconhecido como verdadeiro partido da vanguarda proletária. Em 1973, já sob o nome de Ação Popular-Marxista Leninista, a organização decidiria pela dissolução no interior do partido, garantindo uma sobrevida ao PCdoB, num momento em que a repressão havia destruído suas bases nas cidades.

A sociedade se divide

O clima de divisão dentro da esquerda também marcava a sociedade como um todo, sobretudo entre os que apoiaram o golpe. A base de sustentação do novo regime sempre foi bastante heterogênea em suas posições. De um lado, havia os que desejavam apenas uma intervenção cirúrgica. Com a deposição de Jango, os militares voltariam à caserna e a ordem constitucional seria restabelecida. No meio, aqueles que defendiam uma transformação mais profunda. O golpe sufocaria o presidente e, junto com ele, as forças que o apoiavam. Na outra ponta, os que pensavam ter um projeto alternativo para o país. Para além da tomada do poder, seria preciso substituir o modelo de desenvolvimento econômico brasileiro.

O nome de Castello Branco foi escolhido em meio a essas contradições. Seu governo, de certa forma, tentou jogar de todos os lados. Falava-se em democracia, mas também em revolução. Nesse cabo-de-guerra, a direita civil acabou derrotada pelos militares. Estes, por sua vez, travaram uma batalha particular pelos rumos do

Castello Branco, em traje civil. Atrás do presidente,
Costa e Silva (2° da esq. para dir.)

novo regime. De acordo com o AI-1, as *punições revolucionárias*, aplicadas após sumária investigação, perdurariam por mais dois meses a contar da data de posse de Castello. Os encarregados pelos inquéritos poderiam designar servidores de sua confiança para realizar diligências em qualquer lugar do país.

Envolvidos pelo caráter revolucionário que os militares tentaram imprimir ao golpe e imbuídos do propósito de eliminar os inimigos internos, os responsáveis pelas investigações logo ficaram frustrados com a morosidade do presidente em punir os acusados. Ao mesmo tempo, os *habeas corpus* concedidos pela Justiça também limitaram a radicalidade de parte do oficialato. Assim, conforme o prazo legal para aplicação das punições se esgotava, Castello Branco começou a ser pressionado por seus pares a não recuar na defesa da democracia. Formou-se um círculo vicioso: em nome dos valores democráticos, justificava-se o autoritarismo. Mas na medida em que ele se ampliava, o retorno à democracia tornava-se uma saída cada vez mais distante.

Lentamente, os militares *linhas-duras* conseguiram impor suas posições. Ainda em 1964, o mandato de Castello (que a princípio cumpriria o quinquênio para o qual Jânio Quadros tinha sido eleito) foi estendido em 17 meses. Em novembro de 1965, na eleição para governador, a oposição venceu em Minas Gerais e na Guanabara – principais estados onde houve disputa naquele ano. O resultado só aumentou a pressão sobre o presidente. Os linhas-duras exigiam que Castello vetasse a posse dos eleitos. O marechal ainda tentou convencer o Congresso a lhe conferir mais poderes, com o objetivo de limitar as ações dos governadores oposicionistas. Mas a manobra fracassou.

O resultado da eleição serviu para potencializar a cizânia militar, projetando o então ministro da Guerra, Costa e Silva, como principal representante dos linhas-duras e forte candidato à sucessão presidencial. Enfraquecido, Castello Branco seria obrigado a editar o Ato Institucional nº 2, em outubro de 1965, numa tentativa de frear o avanço oposicionista e unificar os militares, cedendo espaço às posições mais autoritárias. O AI-2 estabelecia eleição indireta para presidente e vice, autorizava o fechamento dos parlamentos, extinguia os partidos políticos e restabelecia a suspensão de direitos políticos e a cassação de mandatos. O regime se consolidava, mostrando sua verdadeira face. Incontestavelmente, tratava-se de uma *ditadura militar*.

Antes de deixar o governo, Castello, que já tinha criado o Serviço Nacional de Informações (SNI), ainda assinou a Lei de Segurança Nacional, a Lei de Imprensa e a nova Constituição Federal. Em todas elas, a tônica era a mesma dos Atos Institucionais: fortalecer o Executivo, ampliando suas prerrogativas; intensificar a repressão, tipificando crimes até então inexistentes; e enfraquecer os adversários, estabelecendo novas regras para o jogo político. Dessa forma, embora reconhecido como um presidente liberal e democrata, Castello Branco chegou ao final de seu mandato com um saldo impressionante de mais de 3.500 vítimas dos atos de exceção.

Na economia, o modelo de desenvolvimento adotado em seu governo apostou fortemente na internacionalização do país. Sintonizado com o Fundo Monetário Internacional, Castello adotou o velho receituário ortodoxo para sanar os problemas herdados da administração anterior: corte nos gastos públicos, contenção de créditos, diminuição de salários e amplas garantias a investidores estrangeiros. Havia muita expectativa por parte da equipe econômica de que o arrocho salarial pudesse melhorar a competitividade do país no mercado externo. Durante seu governo, o valor real do salário mínimo diminuiu 25%.

Eram os primeiros passos da chamada *modernização conservadora*. Daí em diante, os militares colocariam em prática um modelo de desenvolvimento baseado na manutenção (ou mesmo no aprofundamento) da desigualdade social. No afã de criar um mercado interno pujante e atrair investimentos estrangeiros, os generais-presidentes elegeram o trabalhador como sua vítima principal. Os efeitos colaterais dessa estratégia, evidentemente, só puderam ser contornados pela intensa repressão.

Mas os indicadores positivos registrados a partir de 1967 garantiriam à ditadura uma sobrevida de sua base política – sobretudo a classe média, amplamente beneficiada pela recuperação econômica. Até lá, o governo brasileiro precisou conviver com uma verdadeira saraivada de críticas. Embora não tivesse faltado apoio político e crédito internacional, o saneamento da economia não surtiu o efeito esperado. A contenção do crédito provocou uma quebradeira geral. O crescimento da economia, apesar de positivo, manteve a trajetória de queda. A inflação, mesmo diminuindo, continuava alta.

O problemas econômicos persistiam. Porém, em contraste com o governo anterior, estavam agora articulados a um componente novo: a repressão. O clima de descontentamento dominou a sociedade.

Nas Forças Armadas, os militares se dividiram quanto aos rumos do novo regime. Na direita civil, muitos dos que haviam apoiado o golpe já não se identificavam com as medidas repressivas do governo. Alguns políticos que conspiraram contra João Goulart pensando estar garantindo seu futuro passaram a criticar a ineficácia do programa de estabilização econômica. A mídia, por sua vez, engrossava o coro de adversários do regime. Em resumo, o conjunto de forças que tinha sustentado o golpe revelava sua extrema heterogeneidade.

Para as organizações que pegariam em armas, as divisões na base do governo só reforçavam sua interpretação a respeito do regime. Sem ter condições históricas para apresentar alternativas ao país, os militares, indiretamente, forçariam as massas a uma tomada de posição radical. A ditadura, portanto, teria um aspecto positivo. Apagando qualquer ilusão reformista, o novo regime deixava explícitas as tensões da sociedade brasileira, contribuindo, involuntariamente, para que as bandeiras da esquerda ganhassem mais adeptos. Entretanto, ao contrário do que imaginavam, seria a luta armada – e não o inverso – quem fortaleceria a ditadura nos anos seguintes.

O movimento estudantil, em particular, desempenhou um papel fundamental na crítica aos militares e no fortalecimento da esquerda armada. A consolidação da ditadura, os problemas econômicos e a efervescência político-cultural, ao tencionarem um cenário já radicalizado, fizeram da luta armada uma válvula de escape natural para muitos deles. Ao mesmo tempo, as primeiras aventuras guerrilheiras exerciam grande fascínio sobre o movimento estudantil, conferindo certo prestígio à luta armada. Enveredar-se pelo caminho da guerrilha, assim, aparecia como uma saída viável de oposição radical à ditadura.

Em 1966, já como candidato oficial à sucessão presidencial, Costa e Silva fez um giro pelo Nordeste. Diante da oportunidade, integrantes da AP decidiram colocar em prática algumas técnicas terroristas. Na manhã do dia 25 de julho, quando uma multidão aguardava a chegada do general em Recife, uma forte explosão estremeceu o saguão do Aeroporto dos Guararapes. A bomba matou duas pessoas, deixando outras duas mutiladas e vários feridos. Costa e Silva, porém, nada sofreu. Teve sorte. Uma pane no avião que o levaria a Pernambuco forçou o general a viajar de automóvel até a cidade. A audácia revelada em episódios como esse teve grande influência sobre os estudantes.

Politicamente atuante durante o governo Jango, o movimento estudantil transformou-se num dos alvos prediletos da ditadura. No dia seguinte ao golpe, a sede da UNE, no Rio de Janeiro, foi depredada e incendiada. Mesmo declarada ilegal pelo governo Castello Branco, a entidade continuou funcionando clandestinamente. Algumas universidades também foram brutalmente atingidas pela ditadura, seja pela invasão dos *campi* por tropas do Exército ou pela modernização autoritária do ensino superior, conforme as orientações do convênio assinado com os Estados Unidos para reforma do modelo educacional brasileiro – o acordo MEC/USAID.

Incêndio criminoso destrói prédio da UNE no dia seguinte ao golpe

Em novembro de 1964, o governo conseguiu aprovar a chamada Lei Suplicy. Era uma tentativa de reorganizar a representação estudantil nas universidades, substituindo entidades com grande autonomia (como a UNE) por outras controladas pela ditadura ou pelos dirigentes universitários. A lei, contudo, não pegou. Ao se recusarem a votar nas eleições das novas entidades, apesar de o voto ser obrigatório, os estudantes conseguiram inviabilizar a aplicação da Lei Suplicy. De outro lado, a diminuição das verbas destinadas ao ensino superior a partir de 1964 só agravou as insatisfações do movimento estudantil.

Assim, articulados em torno das mesmas bandeiras, estudantes de esquerda e de direita – estes tinham escapado da repressão – seguiram unidos no combate às medidas impostas pelo governo. Mas apenas por pouco tempo. A fragilidade representativa da direita estudantil, num cenário de plena consolidação dos militares no poder, foi decisiva para que setores mais radicais do movimento a substituísse nas diversas entidades pelo país afora. Nos anos seguintes, parte da esquerda estudantil ingressaria nas organizações armadas, pensando, com isso, poder superar os limites de classe que cercavam o movimento.

Além de suas próprias demandas, havia um clima de agitação que impulsionava os estudantes na luta contra a ditadura. Sintonizados com a agitação política e cultural que marcou a Europa e os Estados Unidos nos anos 1960, vários movimentos artísticos no Brasil expressavam a *utopia revolucionária* no teatro, no cinema, na música e na literatura. Era a revolução ganhando rostos, nomes, forma, apoio. Um sentimento de libertação e de emancipação cruzava todas essas manifestações culturais, alimentando os movimentos sociais que, assim como o estudantil, lutavam contra a ordem vigente – embora nem todos os estudantes extrapolassem os limites de suas demandas específicas.

Nem tudo, porém, resumiu-se à *arte engajada*, evidenciando que a subversão à ordem não era uma bandeira comum a todos. Foi nos

Programa *Jovem Guarda*. No microfone, Erasmo e Roberto Carlos

anos 1960, por exemplo, que surgiu a *Jovem Guarda*, movimento que atraiu um grande público, apesar de se manter distante das questões políticas. Uma das maiores bilheterias do cinema brasileiro foi registrada em 1968, com o longa *Roberto Carlos em ritmo de aventura*, aventura protagonizada pelo Rei, assistida por mais de quatro milhões de espectadores. A grande maioria da população, por sua vez, tinha nas novelas, programas de variedades e humorísticos transmitidos pela televisão sua principal fonte de entretenimento. Se de fato existia um clima de contestação à ordem, as massas pareciam estar politicamente anestesiadas.

A guerra revolucionária

Foi nesse contexto de agitação social, divisão política e problemas econômicos que Costa e Silva tomou posse, em março de

1967. Sua indicação como candidato oficial da ditadura revelou para qual lado tinha pendido a correlação de forças dentro da caserna. Atropelado no debate sucessório, Castello Branco foi obrigado a aceitar o nome de maior expressão dos linhas-duras. Não veria, contudo, os rumos que o regime tomaria dali em diante. O ex-presidente morreu apenas quatro meses depois de deixar o governo, vítima de um acidente aéreo no Ceará, sua terra natal.

Naquele mesmo ano, a economia brasileira apresentou os primeiros sinais de recuperação. O país cresceu quase 5% em 1967 e praticamente o dobro em 1968. Algumas atividades, em particular, tiveram taxas de crescimento bem acima da média. A indústria, por exemplo, fechou em 15,5% no segundo ano do governo Costa e Silva. A construção civil, em 17%. O presidente já tinha mostrado ser um homem de sorte ao escapar do atentado em Recife. Agora, mais uma vez, o destino parecia jogar a seu favor. Entre 1967 e 1973, o comércio mundial registrou índice médio de crescimento de 18%. Embalada pelo cenário externo favorável, a economia brasileira finalmente deslanchou.

A recuperação econômica, porém, não arrefeceu os ânimos. O ano de 1967 marcou o início de um novo governo e também da ação sistemática das organizações armadas. Distantes da perspectiva reformista do PCB, convictas de sua interpretação sobre a realidade brasileira, impulsionadas pela agitação que marcou os primeiros anos da ditadura e apoiadas pela parcela radicalizada do movimento estudantil, todas elas entraram de vez para a luta subterrânea. Embora disputassem entre si o papel de vanguarda do processo revolucionário, as organizações armadas, tendo na ditadura um inimigo comum, conseguiram realizar várias ações em conjunto nos anos seguintes – particularmente quando a repressão tornou-se mais intensa.

As primeiras ações consistiram no roubo de armas, assaltos a bancos, explosões de bombas, justiçamentos de algozes e outras iniciativas isoladas. Por isso mesmo, assemelharam-se mais a uma espécie de *banditismo revolucionário* do que a uma *luta armada* – termo que, apesar de usual, não exprime com rigor os acontecimentos daqueles anos. Inicialmente, o trabalho nas cidades foi visto como um passo necessário para deflagrar a guerrilha rural. Para a esquerda armada, com alguma variação, era no campo que ocorreria o enfrentamento decisivo com a ditadura: além de impor enormes dificuldades para os órgãos repressores, ali estariam os setores mais explorados pelo capitalismo – uma espécie de *elo mais fraco* do sistema.

A guerrilha urbana, portanto, tinha uma caráter meramente estratégico, a princípio, pois permitia às organizações armadas levantar fundos para a luta no campo, treinar os futuros guerrilheiros e fazer propaganda da revolução. Indiretamente, havia ainda a premissa de que ataques bem preparados por pequenas vanguardas poderiam causar uma crise num Estado cada vez mais militarizado, como era o caso da ditadura brasileira. Isso explica porque alguns ataques fugiram da lógica de crimes comuns. Eram ações que, de alguma forma, pretendiam desmoralizar o regime.

No geral, porém, predominou o clima de mistério. Nos primeiros ataques, a esquerda sempre buscou agir às escondidas, sem chamar atenção para suas ações, e manter o anonimato. Era uma forma de escapar da repressão, deixando as autoridades policiais pensarem tratar-se de assaltantes comuns, sem motivação político-ideológica. Até 1967, os assaltos a agências bancárias na cidade de São Paulo, por exemplo, não passavam de dois por ano. Em 1968, só na capital paulista, onze bancos foram roubados, além de cinco carros-pagadores e um trem-pagador. No primeiro semestre do ano seguinte, mais 31 agências bancárias da cidade foram assaltadas.

Antes mesmo de fundar a ALN, a ala Marighella do PCB já tinha realizado sua primeira ação de justiçamento. Em setembro de 1967, na cidade de Presidente Epitácio (SP), aconteceu um conflito de terra envolvendo o fazendeiro José Conceição Gonçalves e alguns posseiros da região. Na época, um militante comunista invadiu a propriedade e, diante dos lavradores que protestavam no local, executou o fazendeiro. Ações como essa se repetiriam nos anos seguintes. Na ilusão de conquistar novos apoios para a revolução, a esquerda armada vingou-se dos que acreditava serem responsáveis pela miséria ou exploração dos trabalhadores.

Nos anos seguintes, esse tipo de ação seria direcionada aos algozes da própria esquerda, bem como àqueles que, de alguma forma, estiveram envolvidos com a repressão. Embora a fronteira entre um *assassinato* puro e simples e um *justiçamento* fundamentado seja muito tênue, iniciativas como essa só podem ser entendidas quando analisadas dentro do cenário de extrema radicalização como foi aquele período. De qualquer modo, praticamente todas as organizações armadas fariam um verdadeiro malabarismo etimológico para qualificar suas ações como *revolucionárias*, e não *terroristas*, apesar de frequentemente fazerem vítimas inocentes – inclusive os próprios trabalhadores que diziam representar.

O mistério sobre a nova onda de assaltos – que, diferente dos anteriores, visavam o cofre dos bancos, em vez dos caixas e dos clientes – terminaria em novembro de 1968. Na manhã do dia 13, no subúrbio do Rio de Janeiro, um comando da ALN interceptou o carro-pagador do Instituto de Previdência do Estado da Guanabara. Após render os vigilantes, o grupo fugiu com o dinheiro: cerca de 21 mil dólares. À tarde, por acaso, um sargento reformado da polícia que presenciou o assalto reconheceu o veículo utilizado na ação. Avisada pelo tenente, a polícia prendeu o militante da ALN que dirigia o carro.

Submetido à tortura, o preso acabou entregando o nome de Carlos Marighella. Era ele o comandante do assalto ao carro-pagador. O dirigente da ALN tinha um encontro marcado com o companheiro preso. Como este não apareceu no *ponto* combinado, Marighella desconfiou. Ainda teve tempo de voltar ao aparelho onde estava o dinheiro e levá-lo embora. Os roubos, porém, já não eram mais segredo. A esquerda armada estava intimamente envolvida com os assaltos aos bancos. Marighella ganharia as páginas dos jornais e revistas de todo o país nos dias seguintes, tornando-se, a partir de então, o inimigo número um da ditadura.

Ainda em 1967, militantes da ALN participaram do assalto a um carro-forte em São Paulo. Em dezembro, um comando da VPR roubou uma pedreira próxima à capital paulista, de onde foram levadas caixas com dinamite e detonadores. No ano seguinte, as expropriações e os atentados seguiram em ritmo intenso. Os COLINA fizeram vários assaltos a bancos e explodiram bombas em frente a residências de interventores sindicais, especialmente no Rio de Janeiro e em Belo Horizonte. A ALN comandou o assalto a um carro-pagador da multinacional Massey Ferguson, numa falsa blitz policial montada pela organização.

A Ação Libertadora Nacional também roubou armas e explosivos da indústria Rochester, em Mogi das Cruzes (SP), no início do ano, e comandou o assalto ao trem-pagador da Estrada de Ferro Santos-Jundiaí, em agosto. O dinheiro roubado era suficiente para pagar o salário de todos os funcionários da Companhia Paulista de Estradas de Ferro. Em novembro, militantes da Ala Vermelha roubaram um carro-pagador em Mauá (SP). No mês seguinte, foi a vez da VPR assaltar uma loja de armas e munições no centro da capital paulista. Com os sucessivos ataques, a esquerda armada garantiu o pleno funcionamento de suas atividades, que exigiam muitas armas, munição, explosivos e dinheiro para manter os militantes profissionais e os aparelhos.

Em 1968, algumas ações, em particular, ganharam bastante visibilidade, seja pela audácia dos guerrilheiros, por sua extrema brutalidade ou pelas trágicas consequências que provocaram. Na madrugada do dia 22 de junho, militantes da VPR disfarçados com trajes militares invadiram o Hospital do Exército em São Paulo, renderam os guardas que estavam de sentinela e roubaram nove fuzis automáticos, além de munições. Após a ação, o comandante do II Exército, general Manoel Carvalho Lisboa, lançou um desafio aos guerrilheiros: "atacaram um hospital, que venham atacar meu quartel!". O fato logo se tornou manchete na imprensa.

Diante do desafio, a VPR avaliou que seria uma excelente oportunidade para enfrentar a ditadura. Quatro dias depois, ainda de madrugada, a organização comandou mais um ataque. A ideia da VPR era encher um carro de explosivos e lançá-lo contra o quartel general (QG) do II Exército. Dado o poder de fogo daquele plano, não deveria ser surpresa para ninguém se houvesse alguma vítima fatal. Um integrante da organização colocou em movimento uma caminhonete recheada de dinamites. Após direcioná-la para o portão do QG, o motorista pulou do carro, fugindo num dos veículos da VPR que dava cobertura.

Ao avistar a cena, sentinelas de plantão atiraram várias vezes contra a caminhonete, que estava com o pedal do acelerador preso. O veículo acabou batendo num poste, mudando de rota e colidindo na parede lateral do quartel. Imediatamente, o soldado Mário Kosel Filho foi até o carro para inspecioná-lo. Foi então que uma forte explosão abalou a estrutura do QG. O corpo de Kosel, então com dezoito anos, foi completamente dilacerado. Outros seis militares ficaram feridos com os estilhaços da bomba. Apesar dos imprevistos, a VPR avaliou positivamente o ataque. Para seus militantes, a ação tinha servido para desmoralizar o general Lisboa.

Cinco dias depois, um novo ataque da esquerda armada geraria enorme repercussão. Dessa vez, de autoria dos COLINA. Um ex-sargento da Aeronáutica integrante da organização tinha sido informado de que o capitão boliviano Gary Prado estava no Rio de Janeiro cursando a Escola de Comando e Estado-Maior do Exército brasileiro. Prado ficara internacionalmente conhecido no ano anterior depois de prender Che Guevara, assassinado em seguida com seis tiros no peito. Entre a esquerda, circulava a notícia de que o capitão teria executado o líder guerrilheiro, capturado ainda vivo após ser baleado no calcanhar.

Luta armada no Brasil 69

No começo da noite do dia 01 de julho, um carro com três militantes dos COLINA cruzou o caminho de Gary Prado. Queriam vingar a memória do *Guerrilheiro Heróico* matando o capitão. Os terroristas atiraram dez vezes contra o boliviano antes de pegar sua pasta e fugir. Ao abri-la, descobriram tratar-se de outra pessoa: Edward von Westernhagen, major do Exército da Alemanha Ocidental. O guerrilheiro responsável pela identificação de Gary Prado cometeu um erro fatal, embora os dois não fossem fisicamente parecidos. Diante do engano, os COLINA não assumiram a autoria do atentado, que fez mais uma vítima sem qualquer relação com a luta da esquerda.

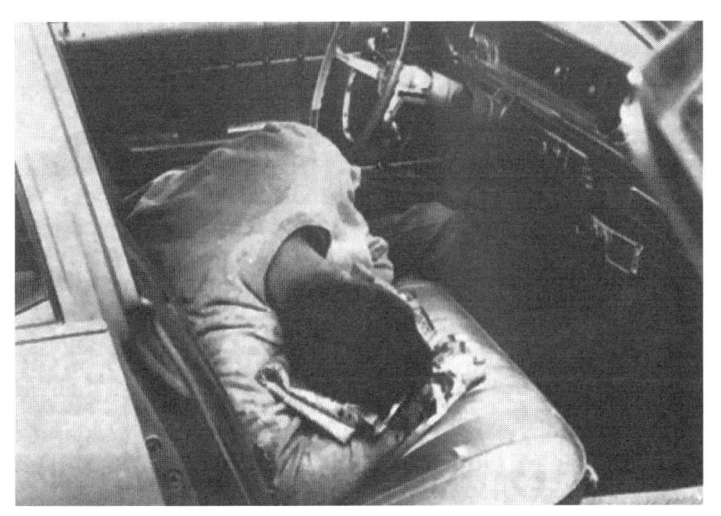

Charles Chandler justiçado em seu carro

Dois meses depois, a VPR executou outra ação de justiçamento. Dessa vez, com a participação da ALN. A vítima foi o capitão norte-americano Charles Rodney Chandler, veterano do Vietnã. O capitão era estudante de Sociologia na Fundação Armando Álvares

Penteado, em São Paulo. Ao tomarem conhecimento de sua presença na cidade, um grupo de guerrilheiros formou um *tribunal revolucionário* para julgar Chandler. Mas, diferente dos tribunais comuns, neste o réu não era convidado a se pronunciar. A sentença era declarada à revelia do acusado, que só tomava conhecimento da decisão na hora de sua própria morte.

Pesava sobre Chandler a acusação de ser um agente infiltrado da Central Intelligence Agency (CIA) e de ter torturado *vietcongues* durante o conflito na Ásia. Mesmo sem terem provas concretas, os terroristas o condenaram à pena capital. Na manhã do dia 12 de outubro, um comando formado pelas duas organizações preparou uma emboscada para Chandler. O capitão tirava seu carro da garagem de casa quando um guerrilheiro disparou seis tiros à queima-roupa. Na sequência, outro terrorista metralhou o norte-americano. Mais 14 balas. Chandler caiu morto no banco do veículo. Ironicamente, trazia ao seu lado o livro *A origem da autocracia comunista.*

Todos esses ataques faziam crer que estava em curso uma verdadeira *guerra revolucionária*. Cada um, porém, interpretava a seu próprio modo o que isso significava. Para a esquerda, teria havido um salto de qualidade a partir de 1967. A luta armada deixara de ser uma discussão meramente teórica, tornando-se inevitável. Indiretamente, estava implícito que o trabalho de massas deveria ficar em segundo plano. Pelo menos por hora. Afinal, era preciso partir para o combate aberto. Para os militares, a guerra revolucionária exigia uma resposta contundente. Diante dos crescentes ataques terroristas (que não partiram apenas da esquerda), a voz da linha dura foi ganhando cada vez mais eco dentro do regime.

O fechamento da ditadura

Em vez de uma guerra revolucionária, como acreditava a esquerda, o que ocorreu em 1968 foi uma crescente mobilização

Luta armada no Brasil

política contra a ditadura, encabeçada fundamentalmente pelo movimento estudantil. Nesse cenário, as organizações armadas procuraram estabelecer contatos com os setores de oposição que despontavam nas manifestações, fosse para recrutar novos militantes ou para oferecer armas para possíveis enfrentamentos. Com o endurecimento da repressão, parte dessa oposição pularia no barco da esquerda armada. O problema é que, ao fazerem isso, perderam qualquer representatividade com sua própria base de origem.

Estudantes carregam caixão com o corpo de Edson Luís

A morte do secundarista Edson Luís de Lima Souto, durante confronto com a polícia, foi o detonador das mobilizações estudantis. No centro do Rio de Janeiro, havia um restaurante público, chamado *Calabouço*, frequentado por estudantes secundaristas. Para o dia 28 de março de 1968, a Frente Unida dos Estudantes do Calabouço, entidade criada pelos usuários do restaurante, tinha programado uma manifestação para reivindicar a conclusão das obras no local e protestar contra o aumento no preço das refeições. Com a chegada da polícia, formou-se a confusão. Na batalha desigual, os estudantes atacaram com paus e pedras. Os policiais, com armas de verdade.

Em meio ao tumulto, Edson Luís, então com dezoito anos, foi baleado à queima-roupa. Temendo que a polícia sumisse com o corpo, os estudantes não permitiram que o cadáver fosse retirado dali. Eles mesmos carregaram o corpo até a Assembleia Legislativa, onde Edson Luís foi velado. No dia do enterro, cerca de 50 mil pessoas estiveram presentes ao ato, na maior concentração popular desde o golpe. Em todo o país foram feitas manifestações em repúdio à violência policial. Em Brasília, estudantes chegaram a incendiar viaturas da polícia e destruir os palanques que tinham sido montados para a festa de quatro anos do regime, no dia 1º de abril.

Para evitar mais tumultos, o presidente Costa e Silva proibiu qualquer manifestação estudantil naquele dia em todo o território nacional. A morte de Edson Luís foi uma espécie de ritual de passagem para o movimento estudantil: as manifestações ganharam contornos políticos a partir de então. Era uma luta contra a ditadura. Por isso, é claro, a ordem do governo foi solenemente desobedecida. Os dias seguintes foram marcados por uma grande tensão política. Diante das manifestações, Costa e Silva foi duramente pressionado a decretar Estado de sítio, o que terminou não fazendo. Não perdeu, contudo, a oportunidade de associar as manifestações à Frente Ampla, cujas atividades seriam proibidas naquele ínterim.

Aos estudantes se juntaram intelectuais, parlamentares, parte da classe média e o clero. Os dois últimos, em particular, ensaiando o afastamento de uma ditadura que apoiaram em 1964. Tudo isso em meio à efervescência política e cultural da época. Na outra ponta, embora não articulados aos primeiros, os operários. De abril a outubro daquele ano, várias manifestações seriam protagonizadas

Luta armada no Brasil

Passeata dos Cem Mil

por esses personagens. Em cada uma delas, as organizações armadas tentaram ampliar sua influência, incitando os manifestantes a assumir uma posição radical, num quadro de guerra revolucionária que acreditavam estar em curso.

No dia 26 de junho, realizou-se no Rio de Janeiro a chamada *Passeata dos Cem Mil*. Os diferentes setores de oposição à ditadura (com os estudantes à frente) percorreram o centro da cidade protestando contra a violência do regime. Durante a caminhada, ouviam-se gritos de protesto contra a ditadura. Independentemente da proposta, ninguém ali queria mais a continuação do regime. Uns defendiam a luta armada. Outros, a formação de um governo de coalizão. Os mais moderados admitiam a permanência de Costa e Silva, desde que o presidente reformasse a Constituição, anistiasse os presos políticos e convocasse eleições diretas.

A mobilização foi a vitória mais importante da oposição após as eleições de 1965. Se o enterro de Edson Luís tinha atraído o maior público desde o golpe, três meses depois, praticamente o dobro de pessoas se uniu em protesto contra a ditadura. Diante dessa força incontestável, Costa e Silva foi obrigado a receber uma comissão de representantes da mobilização, num encontro totalmente inócuo realizado no Palácio do Planalto. A comissão não representava um arco de forças tão heterogêneo como aquele. O presidente, por sua vez, acossado pelos militares linhas-duras, estava cada vez mais vulnerável às críticas de seus colegas, face ao que eles julgavam ter sido um comportamento vacilante do regime no combate às manifestações de 1968.

Fora do país, aquele também foi um ano agitado sob o ponto de vista político. Na França, o primeiro semestre ficou marcado pela ocupação de universidades, pelas greves dos trabalhadores e pelos confrontos com a polícia. Na Tchecoslováquia, as tentativas de *humanizar* o socialismo (*Primavera de Praga*) acabaram quando as tropas soviéticas invadiram o país, restaurando o controle dos conservadores sobre o Partido Comunista local. No Vietnã, a sorte começava a mudar para os Estados Unidos. A invasão de Saigon (*Ofensiva Tet*), ocupada por tropas norte-americanas, mostrou ao mundo que a guerra travada na Ásia estava longe de ser vencida.

Artistas na Passeta dos Cem Mil. No centro, Gilberto Gil

No início de outubro, a pequena rua Maria Antônia, em São Paulo, transformou-se num verdadeiro palco de guerra. No *front esquerdo*, estudantes da Faculdade de Filosofia, Ciências e Letras da Universidade de São Paulo (USP). No *front direito*, alunos da Universidade Mackenzie integrantes do grupo paramilitar Comando de Caça aos Comunistas (CCC). Aquartelados no Mackenzie sob proteção da polícia, que fazia a segurança da universidade, os estudantes atacaram com pedras, tiros e bombas o prédio da USP, do outro lado da rua. O confronto, iniciado no dia anterior, quando estudantes da USP fecharam a rua para cobrar pedágio para a organização do XXX Congresso da UNE, terminou com a morte do estudante José Guimarães – baleado na cabeça.

Além da extrema-direita estudantil, o CCC contava com a participação de militares. No episódio da Maria Antônia, pelo menos dois policiais participaram dos ataques à USP. Dentre eles, o delegado Octávio Gonçalves Moreira Júnior. Mal sabia que a esquerda armada gravaria seu nome na memória. Cinco anos depois, quando voltava de um almoço, no Rio de Janeiro, *Octavinho* foi justiçado por um comando guerrilheiro. Um tiro pelas costas o derrubou no chão. Em seguida, levou mais alguns tiros no pescoço e no rosto. Morreu na hora.

O terrorismo de direita foi uma das marcas registradas da ditadura. Particularmente naquele ano. Caso emblemático nesse sentido foi o plano do brigadeiro João Paulo Burnier, chefe de gabinete do ministro da Aeronáutica, de utilizar o Para-Sar – unidade de busca e salvamento da Força Aérea Brasileira – para executar ações terroristas. Era uma tentativa de manipular a desordem, incendiando um quadro já radicalizado para jogar a culpa pelos ataques sobre a esquerda armada. Apesar de o plano não ter se concretizado, os sequestros e ataques a bomba, como o que destruiu parte do edifício do jornal *O Estado de S. Paulo*, em abril, tornaram-se cada vez mais frequentes. Todos praticados pela extrema-direita.

Um dos episódios mais famosos da ofensiva paramilitar foi a invasão ao Teatro Ruth Escobar, em São Paulo, onde era encenada a peça *Roda Viva*. Orientados pelo ministro da Justiça, integrantes do CCC invadiram o camarim após o espetáculo com pedaços de paus e socos-ingleses. Os atores foram colocados a pontapés para fora do teatro, onde continuaram apanhado. Alguns, como Marília Pêra, chegaram nus até a rua. A plateia que assistia à cena dantesca era acompanhada por policiais militares, que observavam passivos a tudo. Afinal, parte dos terroristas eram colegas de farda.

Cena da peça *Roda Viva*

Na outra ponta, o governo também enfrentava as manifestações dos trabalhadores. A primeira, em Contagem (MG), exigia 25% de aumento salarial. No fim, fecharam em 10%, encerrando pacificamente a greve. Em julho, quando os trabalhadores de Osasco pararam, muita coisa já tinha acontecido. E a ditadura já não estava mais disposta a negociar. No terceiro dia de greve, a polícia atacou. Centenas de operários foram presos, e outros tantos saíram feridos. Embora a esquerda armada tivesse jogado sua rede em Contagem, foi em Osasco que ela colheu os frutos.

Antes do golpe, a POLOP já havia se aproximado das lideranças sindicais de Osasco. Nos anos seguintes, com o racha da organização, a VPR acabou herdando seus contatos. Sem buscar apenas *instrumentalizar* os operários, a VPR conquistou certo espaço entre os trabalhadores – sobretudo os mais radicalizados, reunidos no chamado *grupo de Osasco*. Quando veio a repressão, muitos deles foram colocados na clandestinidade. A VPR, então, serviu de refúgio para alguns que optaram pelo caminho da luta armada.

Em outubro, no feriado de Nossa Senhora de Aparecida, a UNE realizaria seu XXX Congresso Nacional. O mesmo para o qual os estudantes da USP tinham cobrado pedágio na rua Maria Antônia. No dia 12 de outubro, enquanto os estudantes se reuniam clandestinamente num sítio em Ibiúna (SP), guerrilheiros justiçavam o capitão Chandler. Numa cidade tão pequena, não seria de estranhar se uma reunião com quase mil estudantes fosse descoberta. Os três encontros anteriores, também clandestinos, foram realizados em conventos. Mas para 1968 a UNE pensou em algo maior.

E para isso foi decisiva a presença das organizações armadas na diretoria da entidade e de diretórios acadêmicos pelo país afora. Apesar de inocente à primeira vista, a decisão de reunir tantos estudantes num sítio a poucos quilômetros de São Paulo talvez seguisse uma lógica. Ao serem descobertos (o que era praticamente inevitável), os estudantes presos poderiam aderir à luta armada. Ainda era madrugada quando cinco caminhões do Exército e dez ônibus chegaram ao local. Foi uma verdadeira prisão em massa: 920 pessoas. Era o fim do movimento estudantil. Alguns, de fato, seguiram para a luta armada, ceifando uma geração inteira que morreria em combate com a ditadura. A maioria, porém, calou-se.

O ano parecia não querer terminar. Terrorismo de esquerda. Terrorismo de direita. Bombas, sequestros, assaltos, greves, manifestações. Era como se o regime estivesse em ruínas, e seu fim pudesse ser visto no horizonte. Mas por debaixo de toda aquela agitação a linha dura tinha avançado lentamente, num longo caminho iniciado com o AI-2. Estava claro que era preciso fazer alguma coisa. Se o golpe contra Jango tinha sido dado para salvar a democracia, ela, mais do que nunca, parecia ameaçada pela *subversão*. E militares sempre tiveram verdadeira ojeriza à desordem.

Estudantes presos em Ibiúna

Márcio Moreira Alves

No apagar das luzes, em dezembro de 1968, veio o *golpe dentro do golpe*. A gota d'água foi o discurso desafiador do deputado oposicionista Márcio Moreira Alves. No final de agosto, a Universidade de Brasília foi invadida pela polícia, que violentamente prendeu alunos e professores. Dias depois, Moreira Alves subiu na tribuna da Câmara para protestar contra a brutalidade da operação: "Quando o Exército não será um velhacouto de torturadores?". Na sequência, pediu à população que boicotasse as comemorações da Semana da Pátria, poucos dias depois.

Apesar da contundência, o discurso passou desapercebido na imprensa. Mas a linha dura tratou de forjar uma grave crise institucional. O governo decidiu cassar o mandato de Moreira Alves. Entre eles, porém, havia a imunidade parlamentar. Os três ministros militares passaram a exigir que a Câmara dos Deputados autorizasse o Superior Tribunal Federal (STF) a processá-lo. O que se viu até dezembro foi um longo embate de forças. No dia 12, em votação no plenário, o pedido do STF foi negado. Até mesmo deputados da base governista votaram contra a suspensão da imunidade.

Como num jogo de xadrez, os militares deram seu xeque-mate. No dia seguinte à votação, Costa e Silva editou o AI-5. Era o fechamento da ditadura. O Ato Institucional foi, por assim dizer, uma espécie de resumo da ópera. Todas as arbitrariedades que caracterizaram os primeiros anos da ditadura estavam reunidas ali. Um ponto, contudo, era novo: a partir de então, não haveria mais a garantia de *habeas corpus* para crimes políticos contra a segurança nacional. O Brasil entrava por um longo e escuro corredor, de onde sairia somente uma década depois. Estava dada a licença para caçar homens como se fossem animais.

4
O caminho do exílio

Para um presidente que prometeu democracia e diálogo em seu discurso de posse, assinar o AI-5 foi sinal de que alguma coisa tinha mudado desde março de 1967. Com poderes discricionários, o governo pôde fazer o que bem entendeu. Ainda no 13 de dezembro, Costa e Silva decretou o fechamento do Congresso Nacional por tempo indeterminado. Depois, vieram os expurgos: 37 parlamentares na primeira leva e 51 na segunda. Para marcar o momento, encabeçando a lista estava o nome do deputado Márcio Moreira Alves. Em seguida, as próprias Assembleias Legislativas foram colocadas em recesso. O presidente, assim, acumulava poderes legislativos.

Com o AI-5 nas mãos, a ditadura apontou suas armas para a imprensa. Carlos Castello Branco, principal jornalista político da época, foi preso junto com o editor e o diretor do *Jornal do Brasil*, onde trabalhava. Censores designados pelo regime ocuparam as redações de jornais e emissoras de rádio e televisão. Em Brasília, três ministros do STF foram aposentados compulsoriamente. Em protesto, seu próprio presidente renunciou ao cargo. No Supremo Tribunal Militar, o governo aposentou o general Pery Belivaqua, tido pelos linhas-duras como um ministro condescendente.

Dezenas de professores e cientistas também foram forçados a se aposentar, afastando das universidades uma geração inteira de inte-

Presidente Costa e Silva

lectuais. Muitos deles entrariam para os rol dos grandes pensadores brasileiros, como Caio Prado Júnior, Fernando Henrique Cardoso, Octavio Ianni, Florestan Fernandes e tantos outros. A perseguição aos artistas também se intensificou. Alguns, como Caetano Veloso e Gilberto Gil, foram presos e exilados. Marília Pêra, que apanhara do CCC durante o ataque ao Teatro Ruth Escobar, chegou a ser detida num banheiro de quartel.

Não restava dúvidas de que o Estado de exceção se aprofundava. Com o AI-5, a ditadura perdeu qualquer pudor que eventualmente lhe havia sobrado. A partir de então, o regime dividiu-se em duas partes. Uma, agindo à luz do sol, buscou erigir um verdadeiro edifício ditatorial. Atos institucionais, atos complementares, decretos: havia um formalismo cobrindo as arbitrariedades cometidas pelo regime. Outra, trabalhando no escuro do subterrâneo, queria dizimar a esquerda. O AI-5 garantia total liberdade para que atingisse seu propósito. Com o passar dos anos, o que se viu foi a *face pública* do Estado perder o controle sobre os *porões da ditadura*, cada vez mais ferozes.

Imersão na luta armada

Em linhas gerais, havia duas maneiras bem distintas de avaliar o significado do AI-5. Sua aprovação poderia ser uma evidência de que a ditadura tinha se fortalecido. Dispondo de poderes praticamente ilimitados, era possível, nas margens da lei, cassar mandatos, suspender direitos políticos, fechar parlamentos, legislar em seu lugar, intervir nos estados e municípios. Num cenário como esse, quem se levantaria contra o regime? Mas o AI-5 também poderia revelar seu isolamento. Na contramão do que os brasileiros queriam, os militares ofereciam ditadura, em vez de democracia; fechamento, no lugar de abertura.

A esquerda armada preferiu ficar com a segunda opção. Se o regime já não podia responder às demandas históricas da sociedade, com o AI-5 seu fim parecia questão de tempo. O Brasil estava em plena guerra revolucionária. E o golpe dentro do golpe, acreditava a esquerda, só aumentaria o ritmo das mobilizações. À frente, liderando a luta contra a ditadura, as próprias organizações armadas. Sua ilusão representativa encontrava correspondência na realidade. Assim, quando Costa e Silva assinou o AI-5, a esquerda, ao invés de recuar, avançou.

Sem perceber as transformações da própria sociedade brasileira, as organizações armadas acreditaram que atrás delas viria uma multidão. Seus dogmas trouxeram um norte: as condições objetivas já estavam dadas; a revolução era inevitável. Naquele contexto, nada poderia dar errado. Mas deu. A esquerda armada pensou contar com a força das grandes mobilizações de massa. Porém, com o fechamento do regime, apenas uma pequena parte dos estudantes, operários, intelectuais e outros setores descontentes com a ditadura seguiu pelo caminho da guerrilha.

O que se viu a partir de 1969 foi, literalmente, uma imersão na luta armada. Colocada na clandestinidade, a esquerda entrou num mundo paralelo, onde quem ditava a lei, eram as armas.

Luta armada no Brasil

Não havia mais mediação política. E quando o diálogo sumiu (se é que havia existido), a guerra floresceu. Contudo, foi uma luta desigual. De um lado, um aparelho repressivo de Estado cada vez mais forte. De outro, pequenas organizações reunindo algumas dezenas de militantes amadores e inexperientes. Envolvida pelo sucesso das primeiras ações e pelo inesquecível ano de 1968, a esquerda não percebeu que boa parte da sociedade brasileira se resignou diante daquilo tudo.

As ações de expropriação continuaram em ritmo alucinante. Logo no início do ano, a Dissidência Estudantil da Guanabara (DI-GB) assaltou um carro-forte no bairro de Ipanema, no Rio de Janeiro. Na mesma época, comandos da Ala Vermelha roubaram três agências bancárias da cidade e assaltarem a Loja Kelmaq, de onde levaram máquinas gráficas para montar uma oficina clandestina. No dia 1º de maio, integrantes da organização ocuparam uma emissora de rádio em São Bernardo do Campo (SP) para difundir um manifesto político.

Naquele mês, em João Pessoa (PB), guerrilheiros do PCBR roubaram uma valise com depósitos da Companhia Sousa Cruz. Em outubro, a organização assaltou um funcionário que transportava um malote de dinheiro da empresa. Mas, ao contrário da primeira ação, o roubo terminou com a morte do empregado da Sousa Cruz. No final do ano, no Rio de Janeiro, o PCBR assaltou uma agência do Banco Sotto Maior. O roubo seria um sucesso se a polícia não tivesse aparecido justamente quando os guerrilheiros faziam o recuo. Na troca de tiros, um militar também morreu.

Na manhã do dia 15 de agosto, doze integrantes da ALN invadiram a estação da Rádio Nacional de São Paulo. Dominaram os funcionários e, durante meia hora, transmitiram um manifesto lido por Marighella. Ao fundo, tocava o Hino Nacional brasileiro e o hino da Internacional Comunista. À tarde, em edição extra, o jornal *Diário da Noite* publicou o documento. Pega de surpresa, a censura não conseguiu impedir o furo. Mais tarde, descobriu-se que o diretor de redação do jornal, Hermínio Sacchetta, recebera antecipadamente o manifesto de Joaquim Câmara Ferreira, segundo homem da ALN. Os dois tinham militado juntos no PCB até a saída da ala Marighella.

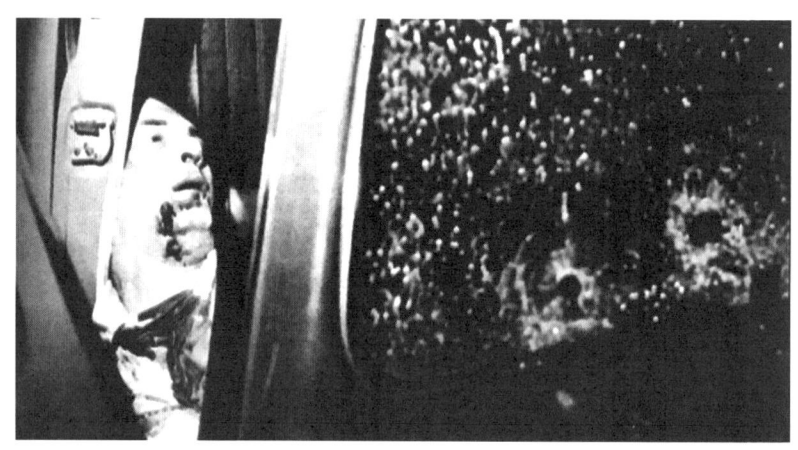

Marighella é morto em operação policial em São Paulo

Quatro dias depois, no Rio de Janeiro, integrantes da DI-GB disfarçados de repórteres da revista *Realidade* entraram no apartamento do deputado federal Edgar Guimarães de Almeida. Debaixo dos equipamentos fotográficos, traziam metralhadoras. O deputado chegou a passar mal. Por sorte, um dos guerrilheiros era estudante de medicina. Depois de atendê-lo, fugiu da cobertura carregando dinheiro, jóias e quadros de valor – inclusive um Cândido Portinari. Na semana seguinte, um comando da ALN explodiu uma bomba no centro de São Paulo, destruindo algumas vitrines enfeitadas com arranjos comemorativos ao dia da Independência.

Comparadas ao aparelho repressivo da ditadura, as organizações armadas eram infinitamente pequenas. Formadas principalmente por estudantes, suas *tropas* não tinham qualquer preparo – salvo algumas poucas exceções – para o combate militar, fosse nas cidades ou no campo. Contudo, os constantes assaltos, explosões e justiçamentos revelaram a audácia dos guerrilheiros. Diante de um Estado ainda pouco preparado para aquele tipo de situação, a luta armada teve pista livre à sua frente para decolar. Criou-se, assim, uma certa mística em torno das organizações revolucionárias. Elas mesmas começaram a acreditar que tinham mais poder do que efetivamente dispunham.

Era como se a cada ataque faltasse um passo a menos para a redenção final. O ambiente da clandestinidade favorecia esse tipo de avaliação. Às margens da lei e com armas nas mãos, os guerrilheiros, aparentemente, eram livres para agir, o que lhes conferia uma sensação de grande poder. Dentro das organizações, a ideia de que podiam mais que a ditadura terminava sendo auto-alimentada pelos códigos em comum que uniam a todos. Na outra ponta, a imprensa ajudava a reforçar essa posição, noticiando o arrojo dos ataques. Lentamente, tornou-se fundamental explicitar esse poder, realizando ações cada vez mais espetaculares, como se não houvesse limite. A luta armada só terminaria com o fim da ditadura.

Em janeiro de 1969, a VPR planejou uma ação de grande impacto. A organização tinha conquistado o apoio de militares que serviam no 4º Regimento de Infantaria, em Osasco (SP). Dentre eles, o capitão Carlos Lamarca. Há algum tempo o grupo já vinha desviando para a VPR algumas armas e explosivos guardados no depósito do quartel. Com medo de serem descobertos, propuseram à organização um plano para desertar. Com a ajuda de integrantes da VPR, os militares levariam consigo armamentos e munições do Exército.

Em seguida, os guerrilheiros fariam ataques simultâneos à cidade de São Paulo. O plano consistia em bombardear o Palácio dos Bandeirantes, sede do governo paulista; o QG do II Exército, onde a VPR tinha explodido um carro-bomba em junho do ano anterior; e a Academia da Polícia Militar, localizada na entrada da Cidade Universitária. Por precaução, Lamarca pediu a Marighella que ajudasse sua mulher e os dois filhos a saírem do país. Tomaram um voo para Roma e, de lá, seguiram para Havana. O dirigente da ALN ainda se opôs ao plano. Achava arriscado demais. Porém, o comando da VPR decidiu levá-lo adiante. Não podiam perder aquela oportunidade.

A ideia era que a deserção acontecesse no dia 26, quando o sargento Darcy Rodrigues, ligado à VPR, estaria de sentinela. Os guerrilheiros queriam levar do quartel 400 fuzis automáticos, munições, morteiros e metralhadoras. Era uma operação delicada, que exigia grande estrutura e bastante cuidado. A VPR providenciou um caminhão para roubar o quartel. A organização tinha um sítio próximo a Osasco onde o veículo começou a ser pintado com as cores e símbolos do Exército. Mas um incidente banal envolvendo uma criança levou a polícia até a propriedade.

Alguns *pintores* ainda conseguiram fugir. Mas quatro guerrilheiros da VPR foram presos. Preocupados com a possibilidade de o grupo não resistir às torturas, entregando alguma informação que ajudasse a polícia a revelar o plano, os militares decidiram fugir imediatamente. Na tarde do dia 24, atravessaram o portão principal do QG com uma Kombi carregando 63 fuzis e algumas outras armas. A deserção, descoberta no dia seguinte, foi seguida de uma onda de *quedas* na VPR, que ficou praticamente desarticulada após o episódio.

No final de 1968, a organização já tinha perdido vários militantes. Com a edição do AI-5, um pequena dissidência interna passou a defender o recuo na luta armada. A maioria da VPR, porém, acreditava no enfrentamento com a ditadura. O plano para retirar os militares do 4º Regimento e atacar a capital paulista havia sido duramente criticado pelos dissidentes, que acabaram expulsos da organização. Duramente atingida pela repressão, o que restou da VPR juntou-se aos remanescentes dos COLINA – que também tinham sofrido com

Luta armada no Brasil

as sucessivas quedas – e outros agrupamentos menores para formar a Vanguarda Armada Revolucionária-Palmares (VAR-Palmares), em julho de 1969.

Uma das primeiras ações da VAR aconteceu no dia 18 de julho, quando um comando formado por treze guerrilheiros assaltou a mansão do cardiologista Aarão Burlamaqui Benchimol, irmão do *Dr. Rui*. Na casa, estava guardado um dos cofres do ex-governador paulista Adhemar de Barros. Nos bastidores da política, todos sabiam que Dr. Rui era o pseudônimo de Ana Benchimol Capriglione, amante de Adhemar e irmã de Aarão. Numa ação cinematográfica, integrantes da VAR fortemente armados invadiram a mansão, renderam os funcionários e levaram o cofre na carroceria de um dos veículos utilizados pelos guerrilheiros.

A informação de que o cofre estava na casa foi passada por um dos sobrinhos de Ana Capriglione. O rapaz era militante de uma organização clandestina de esquerda. À agência internacional *France Presse*, Lamarca anunciou o êxito da operação: "Localizamos uma parte da famosa 'caixinha' do ex-governador de São Paulo Adhemar de Barros, enriquecido por anos e anos de corrupção. Conseguimos US$ 2,5 milhões. Esse dinheiro, roubado do povo, a ele será devolvido". Devolver ao povo significava intensificar a luta armada. Com o

À esquerda, Carlos Lamarca

montante roubado, a organização pôde sustentar durante um bom tempo toda a estrutura que a clandestinidade e a guerrilha exigiam.

Naquele mesmo ano, militantes da VAR sequestraram um avião da companhia brasileira Cruzeiro do Sul. A aeronave, que tinha decolado de Montevidéu, foi desviada para Havana, onde chegou quatro dias depois. Em Cuba, todos os sequestradores receberam asilo político de Fidel Castro. A partir de então, o sequestro de aviões entrou para o repertório da esquerda armada. Em julho de 1970, um grupo de quatro jovens guerrilheiros sequestrou uma outra aeronave da Cruzeiro do Sul. O avião decolara do Rio de Janeiro com destino a Buenos Aires.

Fingindo-se de grávida, uma das sequestradoras entrou na aeronave com armas amarradas à cintura. Após a decolagem, o grupo invadiu a cabine e ordenou ao piloto que voltasse para o Rio de Janeiro. O preço dos 34 passageiros era a libertação de 40 presos políticos. Quando o avião tocou na pista, o aeroporto já estava tomado por tropas da Aeronáutica. Os pneus da aeronave foram metralhados e a pista coberta de areia, para evitar a fuga. Depois de horas de negociação, os militares decidiram invadir o avião. Em meio ao tumulto que se formou dentro da aeronave, um dos sequestrados foi morto com um tiro no peito.

Todas as fragilidades do processo que levou à formação da VAR se revelaram em setembro de 1969, quando a organização realizou seu primeiro congresso. Formou-se uma corrente majoritária que propunha a combinação das ações armadas com um trabalho de massas – dentro da concepção da antiga POLOP. Numa conjuntura de refluxo dos movimentos sociais, alguns militantes acharam essa tática inviável. Era preciso intensificar a luta armada. Assim, dentro do próprio aparelho onde acontecia o congresso, a minoria da VAR passou a se reunir separadamente. No final, o grupo decidiu reconstruir a antiga VPR, enquanto a maioria seguiu com a organização. O dinheiro roubado em julho, fonte de muitas disputas, acabou sendo dividido.

A internacionalização da ditadura

Naquele meio tempo, o imponderável novamente ditou os descaminhos da ditadura brasileira. No final de agosto, Costa e Silva sofreu uma isquemia cerebral que deixou o lado direito de seu corpo paralisado. De acordo com a Constituição, numa eventual incapacidade do presidente, o vice é quem deveria assumir. No caso, Pedro Aleixo. Oito meses antes, quando se opôs ao AI-5, preferindo a decretação do Estado de sitio à edição de um Ato Institucional tão arbitrário, o vice-presidente não imaginou que sua posição seria decisiva para o que aconteceria depois.

Com o Congresso Nacional fechado, nem os presidentes da Câmara nem do Senado poderiam assumir. Restava o presidente do STF. Mas este também era visto com desconfiança pelos linhas-duras. Foi então que, recorrendo à história, os ministros militares lembraram que uma regência trina governara o Brasil durante a menoridade de D. Pedro II. Num exercício de imaginação, conseguiram ver semelhanças entre os dois casos. Depois de intensas manobras de bastidores, o ministério aprovou o Ato Institucional nº 12. Contrariando a Constituição que o próprio regime aprovara, Pedro Aleixo foi impedido de assumir. Por hora, uma Junta Militar governaria o país.

As manobras que envolveram o afastamento de Costa e Silva só reforçaram o caráter ditatorial do regime militar, arranhando ainda mais a imagem no Brasil no exterior. Fora do país, começou a ser formada uma rede internacional – alimentada pelos exilados políticos – de denúncias contra o emprego da tortura como política de Estado no Brasil. No final de 1969, a prestigiada revista *Les Temps Modernes*, dirigida pelo filósofo francês Jean-Paul Sartre, publicou um dossiê sobre a luta armada no país – inclusive com um artigo assinado por Marighella.

Junta Militar assume a presidência da República

Essa internacionalização da ditadura alcançou seu ponto mais alto em setembro daquele ano. Aproveitando-se da suposta debilidade do governo, em razão da doença de Costa e Silva, militantes da DI-GB planejaram a ação mais ousada da esquerda armada brasileira: o sequestro do embaixador dos Estados Unidos no Brasil, Charles Burke Elbrick. A ideia, contudo, não era original. Em 1968, guerrilheiros tentaram sequestrar o embaixador norte-americano na Guatemala, John Gordon Mein. Mas o diplomata reagiu à ação e terminou morto a tiros. O objetivo da organização, portanto, era manter vivo o embaixador, exigindo a libertação de presos políticos em troca do diplomata.

Uma ação dessa envergadura exigia grande preparo militar, e a DI-GB sabia que não poderia levar sozinha um plano tão audacioso. Por isso, convidou a ALN para sequestrar Charles Elbrick. Após alguns levantamentos preliminares, os guerrilheiros detectaram a fragilidade do sistema de proteção da embaixada. Elbrick servia

Luta armada no Brasil

no Brasil havia apenas 56 dias quando foi sequestrado. Em todo esse tempo, sempre fez o mesmo percurso entre sua residência e o prédio da embaixada norte-americana. No dia 04 de setembro de 1969, ainda saiu de casa sem seu guarda-costas, que chegou atrasado.

Quando estava próximo à embaixada, o carro de Charles Elbrick foi fechado bruscamente por dois veículos. Depois de renderem o motorista, os guerrilheiros saíram em disparada. Trocaram de carro e, em poucos minutos, chegaram ao aparelho que serviu de cativeiro. Traziam consigo o embaixador dos Estados Unidos da América. Num dos carros utilizados na ação, abandonado pelos guerrilheiros, a polícia encontrou um manifesto assinado pela ALN e pelo Movimento Revolucionário 8 de Outubro (MR-8). Poucos meses antes, a repressão tinha desmantelado a Dissidência Estudantil do Rio de Janeiro, a quem chamara de MR-8. Para desmoralizar a ditadura, a DI-GB decidiu assinar o manifesto como MR-8, numa jogada de contra-propaganda.

Sequestradores do embaixador norte-americano depõem na Justiça

Os sequestradores exigiam que o texto fosse lido e publicado na íntegra nos principais jornais do país. Em troca do embaixador, queriam a libertação de quinze presos políticos. Davam ao governo 48 horas para abrir as negociações. O grupo deveria ser levado de avião para a Argélia, Chile ou México. Ao contrário das ações anteriores, o episódio ultrapassou os limites do território nacional, trazendo os Estados Unidos para o centro da ribalta. O presidente Richard Nixon pressionou duramente a Junta Militar para que atendesse às exigências dos guerrilheiros. Em poucas horas, o aparelho onde Elbrick era mantido refém foi descoberto. Mas, por segurança, o cativeiro nunca foi invadido.

Na tarde do dia 06, um avião da Força Aérea Brasileira decolou do Rio de Janeiro com destino ao México. Faria ainda duas escalas no Brasil para completar a heterogênea lista de passageiros. Temendo represálias dos linhas-duras, insatisfeitos com o desfecho do sequestro, a Junta tomou medidas adicionais de segurança. No dia anterior, os ministros militares já haviam editado o AI-13, criando a pena de banimento, e o AI-14, estabelecendo as penas de morte e de prisão perpétua. Apenas quando as agências internacionais de notícia informaram que o avião chegara ao México é que os sequestradores libertaram o embaixador.

Assim como o sequestro de aviões, o rapto de diplomatas entrou para o rol das ações armadas. Em junho de 1970, guerrilheiros da VPR e da ALN sequestraram o embaixador da Alemanha Ocidental, libertado em troca de 40 presos políticos exilados para a Argélia. Meses antes, um comando da VAR tentou sequestrar o cônsul dos Estados Unidos em Porto Alegre. Porém, depois de bater no carro dos guerrilheiros, o norte-americano, alvejado no ombro, conseguiu fugir. Outras organizações armadas também planejaram sequestrar diplomatas estrangeiros, mas os planos foram abortados pela polícia.

O último sequestro de um embaixador aconteceu em dezembro de 1970, um ano após a morte de Costa e Silva. Em outubro de

Presos políticos trocados pelo embaixador norte-americano

1969, a Junta Militar editou o Ato Institucional nº 16, declarando a vacância do cargo de presidente e vice. Desde a libertação de Charles Elbrick, as movimentações de bastidores tinham se intensificado. Em meio aos vários candidatos à sucessão de Costa e Silva, o nome do general Emílio Garrastazu Médici foi se consolidando entre os militares. Abençoado pelo Alto Comando das Forças Armadas, Médici foi eleito presidente pelo Congresso Nacional, reaberto após um ano de recesso para uma votação *pro forma*.

Os militares não queriam passar a ideia de que o Brasil vivia sob uma ditadura, como se isso fosse mesmo possível. Ainda mais porque, oito dias antes da reabertura do Congresso (fechado logo em seguida), a Junta editara a Emenda Constitucional nº 1, incorporando à Constituição de 1967 todas as modificações estabelecidas pelo AI-5. Eram mudanças tão profundas que, na prática, tratou-se de uma nova Carta. Com ela nas mãos, Médici tornou-se o terceiro general-presidente. Tal como os anteriores, assumiu prometendo democracia. Mas àquela altura ela já parecia estranha aos brasileiros.

O general entrava em seu 13º mês de governo quando recebeu a notícia de que o embaixador da Suíça, Giovanni Enrico Bucher, tinha sido sequestrado. Um comando da VPR espalhou alguns manifestos pelas ruas do Rio de Janeiro. O preço do diplomata suíço era bem mais salgado que o do norte-americano: 70 presos. Entretanto, depois dos sequestros anteriores, o governo brasileiro endureceu o jogo com a esquerda. Médici mudou de estratégia: não aceitou de prontidão a lista apresentada pela VPR; recusou-se a libertar os acusados de homicídio, condenados à prisão perpétua e envolvidos em sequestros; e permitiu que os presos escolhessem se queriam ou não ser banidos do país.

Presos políticos trocados pelo embaixador alemão

Por cerca de quarenta dias, a organização e o governo negociaram, renegociaram, negociaram novamente, sem nunca chegar a um consenso sobre quem incluir e quem retirar da lista. Foi tempo mais do que suficiente para que a repressão descobrisse o aparelho onde estava o embaixador. Parte da VPR, então, passou a defender o justiçamento de Bucher como forma de medir força com a ditadura. Era preciso mostrar quem dava as ordens. Mas a organização capitulou, transferindo para Lamarca a decisão. No final, acharam mais conveniente mantê-lo vivo. Os 70 presos políticos libertados pelo governo brasileiro foram banidos para Santiago do Chile.

Meses antes, a VPR tentara iniciar a tão sonhada guerrilha rural. O lugar escolhido foi o Vale do Ribeira, região pobre do estado de São Paulo. A ideia era formar guerrilheiros no local e, mais tarde, deslocá-los para outros pontos do país. Sob a coordenação de Lamarca, vários integrantes da organização viveram clandestinamente durante cinco meses numa fazenda que a VPR mantinha na região. Fora dali, as prisões continuavam a todo vapor. Torturados, muitos guerrilheiros acabavam passando informações valiosas para a repressão. E uma delas levou os militares até o Vale do Ribeira.

Em abril de 1970, o grupo foi cercado pelas tropas do Exército. Metade dos guerrilheiros conseguiu fugir rapidamente. Vestidos de civis, misturados aos moradores da região, embarcaram em ônibus que saíam do Ribeira. O restante, porém, enfrentou os militares em combates esporádicos mas duradouros. Passaram-se mais de 40 dias até que, numa ação espetacular, os guerrilheiros conseguiram fugir. Após roubarem um caminhão do Exército, fazendo os tripulantes de reféns, vestiram as fardas militares, atravessaram uma barreira e seguiram até São Paulo, onde abandonaram o veículo. Em seguida, a VPR foi alvo de uma onda de prisões que deixaram a organização praticamente desestruturada.

Durante a perseguição do Exército, que enviara 1500 homens para o Ribeira, dois integrantes da VPR acabaram presos. Outro conseguiu fugir num ônibus de linha, assim como os primeiros companheiros. Pouco antes, ele e os quatro guerrilheiros que fugiriam no caminhão do Exército renderam um tenente, após um frustrado cerco policial. Fizeram uma opção errada ao levá-lo consigo. Depois de dois dias vagando, perceberam que era preciso livrar-se do policial. Para não chamar atenção, mataram-no a coronhadas, em golpes que esfacelaram seu crânio. Assim como os bolivianos fizeram com Che Guevara, os guerrilheiros da VPR executaram um inimigo feito prisioneiro. O mais trágico é que, com o fracasso do cerco policial, poderiam ter fugido sem levá-lo.

Estertores da guerrilha urbana

No início da década de 1970, a esquerda já havia entrado numa dinâmica circular. Para explicitar seu poder, promovia ações cada vez mais espetaculares. A crescente repressão, porém, revelava sua força. Com a morte ou prisão dos guerrilheiros, as organizações armadas foram minguando lentamente. Para sustentar-se na clandestinidade ou libertar companheiros presos, começaram a rodar numa espécie de *ciranda guerrilheira*. Faziam novos ataques, sofrendo mais quedas. Desmantelando-se rapidamente, facilitavam o trabalho da repressão. E assim, cada vez mais envolvidas nessa dinâmica, foram girando até acabar.

Ao mesmo tempo, mudaram de opinião quanto ao papel da guerrilha urbana na luta contra a ditadura. Se antes do AI-5 as ações nas cidades foram vistas como ponto de partida para a guerrilha rural, a partir de então elas perderam essa vinculação com a luta no campo, sendo encaradas cada vez mais como uma oportunidade de propagandear a revolução. Porém, como a luta armada não se generalizou, ficando limitada às pequenas vanguardas, a vitória da ditadura tornou-se uma questão de tempo. Distantes da sociedade, vivendo às escondidas, caçados pelos militares, os guerrilheiros caminharam ao encontro da derrota.

Em parte, isso foi consequência do aperfeiçoamento do aparelho repressivo da ditadura. Aos antigos Departamentos Estaduais de Ordem Política e Social (DEOPS), burocráticos e cortados de cima abaixo por denúncias de corrupção, somaram-se o Centro de Informações do Exército (CIE) e o Centro de Informações e Segurança da Aeronáutica (CISA). Em 1970, as três Armas já tinham seus próprios órgãos de inteligência, articulados ao SNI e, nos estados, aos DEOPS. Fechando o organograma da repressão, havia o Destacamento de Operações de Informações/Centro de Defesa Interna (DOI-CODI), a verdadeira polícia política da ditadura, onde presos foram barbaramente torturados e mortos.

O sistema DOI-CODI, por sua vez, inspirou-se numa experiência-piloto, chamada Operação Bandeirante (OBAN), desenvolvida em São Paulo a partir de 1969. A OBAN era um organismo ilegal especializado no combate à subversão. Não constava, portanto, no organograma da ditadura, embora contasse com a participação de integrantes das Forças Armadas e da Polícia Militar, Civil e Federal. Seu caráter extra-oficial facilitou o emprego generalizado da tortura como método de interrogação. Por outro lado, criou também algumas dificuldades para seu pleno funcionamento, o que foi contornado graças às contribuições recebidas de grandes empresas.

Cartaz divulgado pela ditadura

Uma delas era o grupo Ultra, que fornecia as refeições do DOI paulista. Carros da empresa eram frequentemente utilizados pela repressão para transportar presos na busca de pontos de encontros com outros companheiros. A Ultragás, presidida por Henning Boilsen, pertencia ao grupo Ultra. Boilsen era um ativo colaborador da OBAN. Mas, ao contrário de seu patrão, andava pelas ruas de São Paulo sem seguranças. Em abril de 1971, um comando guerrilheiro decidiu justiçá-lo. Interceptado pelos terroristas, o empresário levou um tiro de raspão na cabeça. Ainda tentou fugir a pé, mas uma rajada de metralhadora o derrubou no chão. Com um tiro de misericórdia, os guerrilheiros desfiguraram o lado esquerdo de seu rosto.

A crescente desenvoltura do aparelho repressivo converteu os abusos em técnicas investigativas. O terrorismo tornou-se política de Estado na luta contra a subversão. Em pouco tempo, a ditadura conseguiu montar um variado cardápio de sevícias. Um dos instrumentos mais comuns era o pau-de-arara, barra de ferro que os torturadores amarravam aos pés e às mãos do interrogado. Colocada sobre duas mesas distantes uma da outra, deixava o corpo da vítima a poucos centímetros do chão. A partir daí, havia muitos caminhos a seguir, num repertório brutal e cruel: socos, chutes, espancamento com cassetetes, choques elétricos.

Frequentemente, jogava-se água ou sal sobre o interrogado para que os choques fizessem mais efeito. Havia casos em que os algozes prendiam fios elétricos às mãos, pés, orelhas, olhos e até mesmo órgãos genitais de suas vítimas. Nos porões da ditadura, a esquerda passou a ser tratada como escória da sociedade. Sem discriminar ninguém, a repressão torturou homens, mulheres, crianças e menores de idades. Estupradas (até mesmo em frente a seus maridos), algumas engravidaram. Outras, já grávidas, acabaram perdendo seus bebês diante das sessões de castigo físico e psicológico a que eram constantemente submetidas.

Além do pau-de-arara, havia ainda o *banho chinês*, que consistia em afogar a vítima, de boca aberta, num tanque cheio de água; e o *telefone*, quando, de surpresa, o interrogado levava dois fortes tapas nas orelhas, deixando-o sem ouvir durante certo tempo. Em alguns casos, era costume trancar a vítima na *geladeira*: ambiente minúsculo, sem janelas nem luz, onde o interrogado permanecia completamente nu sob baixa temperatura e sons estridentes que levavam ao desequilíbrio emocional. Algumas dessas *técnicas* foram desenvolvidas ou aperfeiçoadas no desenrolar do próprio regime. As sessões de tortura, assim, foram elevadas à condição de *experimentos científicos*.

Sem que houvesse nenhum padrão, os castigos poderiam durar horas, dias ou semanas. A mais intensa crueldade era intercalada a momentos de sossego. De dia ou de noite, acordadas ou não, as vítimas eram levadas para um interrogatório do qual poderiam nunca mais voltar. Com a crescente profissionalização dos órgãos repressivos, a tortura deixou de ser arbitrária, ao sabor dos desejos mais infames dos interrogadores. A investigação tornou-se meticulosa, com a elaboração de fichários, cruzamento de informações e análise de depoimentos. Assim, uma queda passou a representar inúmeras outras baixas para a esquerda.

Submetidos a todo tipo de castigo, muitos não resistiam, revelando alguma informação comprometedora. Cruzada com outros dados, obtidos em novas torturas, a repressão ia montando seu quebra-cabeça. Não raro alguns presos faziam acordos com a ditadura, passando para o *lado de lá*. O caso mais famoso foi o de José Anselmo dos Santos, líder da rebelião dos marinheiros em março de 1964. Delatava companheiros, analisava inquéritos, instruía as investigações, esclarecia pontos nebulosos dos depoimentos. Tudo como um verdadeiro agente policial. Mas em público era o *Cabo Anselmo* da VPR.

Conforme foram caindo os que se encontravam com ele, a esquerda passou a desconfiar que Anselmo era um agente infiltrado. No Chile, onde estava exilado, Onofre Pinto, fundador da organização, confrontou Cabo Anselmo com a notícia que chegara do Brasil. Em nome da amizade, aceitou as explicações do companheiro, que voltou para montar uma base da VPR no Recife. O que aconteceu a partir de então foi uma verdadeira chacina. Informados por Anselmo, agentes da repressão foram até Pernambuco, onde executaram os seis integrantes da VPR envolvidos no projeto guerrilheiro. Para disfarçar, ainda levaram os corpos para outro local, onde alegaram ter havido uma troca de tiros entre a polícia e o comando da VPR.

Se com as delações a ditadura conseguiu desmantelar as organizações armadas, com o *desbunde* de guerrilheiros arrependidos os militares quiseram desmoralizar a esquerda. No léxico revolucionário, desbunde era o mesmo que capitulação. Submetidos à tortura, vários guerrilheiros foram forçados a *rever* suas posições políticas. As críticas, que até então se dirigiam ao governo, voltavam-se contra a própria esquerda armada, ganhando as páginas dos principais jornais e revistas do país. Um dos desbundes mais marcantes aconteceu quando o *arrependimento público* de dois guerrilheiros foi transmitido pela televisão, sob o olhar incrédulo dos companheiros presos.

A partir de 1971, diante desse novo cenário, a esquerda armada começou a escrever um dos capítulos mais lamentáveis de sua história. Girando na ciranda guerrilheira, duramente reprimida pela ditadura e totalmente isolada da sociedade, a esquerda começou a sofrer da *síndrome da traição*. Ampliou-se o significado da palavra *inimigo*, que passou a englobar também os próprios companheiros de luta. Foi então que a esquerda assistiu a guerrilheiros matando guerrilheiros. Calcula-se que pelo menos quatro pessoas foram justiçadas dentro das organizações armadas, sendo três na ALN e uma no PCBR.

Assim como nos justiçamentos anteriores, um tribunal revolucionário analisava as *provas* e declarava a sentença, que só chegava ao conhecimento do réu quando a morte já estava à sua frente. Dos quatro julgamentos, três se baseram em simples exercícios de imaginação dos *juízes*. Às vítimas foi atribuída a culpa da *intenção de trair*, o que revelou uma questão importante: longe de serem um fim em si mesmos, os justiçamentos estavam intimamente ligados à situação em que a esquerda se encontrava. Para manter-se viva, precisava *apagar* os que julgava perigosos, mesmo que fosse um dos seus. A consumação das sentenças, porém, apenas acelerou as divergências (e as divisões) dentro da própria esquerda, que se enfraqueceu ainda mais rapidamente.

Em 1972, a luta armada nas cidades já tinha acabado. No embate que ousou travar com a ditadura para fazer a revolução, a esquerda levou a pior. Em pouco tempo, a repressão dizimou o que tinha restado das organizações armadas. Ainda assim, muitos guerrilheiros seguiram adiante para encontrar uma morte cada vez mais iminente. Na clandestinidade, socialmente marginalizada e perseguida pela ditadura, as organizações haviam se transformado em verdadeiras seitas. Aos poucos, os guerrilheiros se convenceram de que, embora levantassem uma bandeira derrotada, deveriam continuar lutando até que o último companheiro caísse.

A autocrítica da luta armada

A guerrilha urbana, que nunca foi o objetivo principal da esquerda armada, terminou consumindo todas as suas energias. Os revolucionários perderam a batalha para a ditadura sem que tivessem desencadeado a luta no campo – salvo algumas poucas iniciativas frustradas, como as guerrilhas do Caparaó e do Ribeira. A exceção ficou por conta do PCdoB. Sem participar das ações nas cidades, o partido conseguiu manter-se bem longe dos olhos da ditadura. Até 1972, sofreu apenas duas quedas. Enquanto fazia propaganda da revolução nas cidades, no Araguaia, para onde já tinha enviado alguns militantes, o partido preparava sua própria guerrilha.

Aos poucos, outros guerrilheiros foram deslocados para a região. Em 1972, já eram quase 70. A área escolhida pelo PCdoB era um povoamento recente, com poucos conflitos sociais e insignificante economicamente. Um lugar perdido no meio do nada, onde a presença da polícia era muito pequena e a chegada de novos moradores, extremamente comum. Nesse cenário, não foi difícil para os guerrilheiros passarem desapercebidos. Misturados à população local, trabalhavam como agricultores, farmacêuticos, professores e comerciantes. Foi com grande surpresa, portanto, que os moradores receberam a notícia de que os *paulistas* eram acusados de subversão.

Exército inicia segunda campanha no Araguaia

Até a deflagração da guerrilha, os militantes do PCdoB não se envolveram com questões políticas. Queriam evitar chamar a atenção. Nada mais curioso para um partido que, adepto do maoísmo chinês, defendia a conscientização política das massas antes de iniciar a luta – daí o sentido da expressão *guerra popular prolongada*. Só depois da chegada do Exército é que o PCdoB desenvolveu algum trabalho político. Tratava-se de convidar a população local para integrar a luta contra a ditadura, pegando em armas para fazer a revolução. Das poucas famílias que apoiaram o PCdoB, algumas crianças chegaram a participar da guerrilha.

A derrota da esquerda armada nas cidades não ensejou nenhuma mudança de curso. Para o PCdoB, era o campo, e não as cidades, o palco decisivo da luta. A batalha urbana tinha sido perdida. Mas a guerra, não. Faltava ainda o principal combate: a guerrilha rural. Era preciso manter vivo o projeto do Araguaia. Inclusive porque, na outra ponta, estava uma ditadura cada vez mais fraca e isolada, na opinião do partido. Assim como as organizações que lutaram nas cidades, o PCdoB não percebeu a dinâmica da própria sociedade brasileira – conformada, de um lado, e envolvida pelo *milagre brasileiro*, de outro.

Slogan da ditadura militar

Os índices econômicos eram música para os ouvidos: 9,5% de crescimento em 1970; 11,3% em 1971; 10,4% em 1972; 11,4% em 1973. As indústrias de automóveis e eletroeletrônicos cresciam mais de 25% ao ano, em média. O Brasil transformou-se num canteiro de obras. Ponte Rio-Niterói, Itaipu, Transamazônica. Tudo isso povoava as mentes e os corações mais ufanistas. No futebol, a seleção *canarinho* conquistava o tricampeonato, na primeira copa do mundo transmitida ao vivo para todo o país. Repetiam-se os *slogans* da ditadura: "Brasil, ame-o ou deixe-o"; "Ninguém mais segura este país!"; "Brasil, terra de oportunidades". Ainda seria preciso algum tempo para que o regime se transformasse num fardo. Por hora, ele nada tinha de fraco ou isolado.

Médici recebe a seleção. Ao seu lado, Carlos Alberto (esq.) e Zagalo (dir.)

Em abril de 1972, os militares desembarcaram no Araguaia para a primeira campanha, que durou até junho. De setembro a outubro, mais uma ofensiva. Ambas rotundos fracassos. Somadas, mobilizaram mais de 3 mil homens, naquela que foi a maior movimentação de militares desde a formação da Força Expedicionária Brasileira, na 2ª Guerra Mundial. Em agosto de 1973, 13 guerrilheiros já tinham sido mortos e sete presos. Enquanto isso, nas cidades, a repressão desmantelava as bases do PCdoB, deixando seu braço no Araguaia completamente solto, isolado e sem condições de repor as baixas que iam sendo registradas. A derrota, portanto, era iminente.

E ela veio com a terceira campanha militar, em outubro de 1973. O Exército chegou para arrasar os guerrilheiros. Em pouco tempo, a estrutura da guerrilha ruiu. Em janeiro de 1974, o número de combatentes tinha diminuído pela metade. No final do ano anterior, todos os guerrilheiros presos pelo Exército foram sumariamente executados. Alguns corpos seriam jogados em alto-mar. Outros, incendiados em regiões distantes. Foi uma verdadeira carnificina. Ainda assim, o que restara do PCdoB nas cidades continuava negando a derrota da guerrilha. Os comunistas, porém, haviam perdido. Estava encerrada a guerrilha rural. Era o fim da luta armada no Brasil.

Em 1969, a Ala Vermelha já tinha apontado os limites do confronto aberto com a ditadura. Foi a primeira organização a fazer a *autocrítica* da luta armada, num momento em que os ataques, cada vez mais audaciosos, pareciam indicar a vitória da esquerda. Seguindo na contramão, a Ala percebeu que as ações armadas não compensavam os custos da guerrilha – fossem eles políticos, materiais ou humanos. A autocrítica, porém, foi interrompida ainda no seu nascedouro. As sucessivas quedas acabaram desestruturando a organização, já dividida internamente desde que o *militarismo* começou a ser questionado.

Foi somente no exílio que a esquerda, em bloco, reconheceu a derrota da luta armada, revendo antigas posições e ampliando a própria ideia de revolução. Com a derrubada de Jango, muitos brasileiros se exilaram em outros países – sobretudo no Uruguai e no Chile. Acreditavam que a ditadura, tal como Castello Branco prometera, duraria pouco. Ou que cairia diante das primeiras tentativas de resistência. Mas lentamente a realidade se impôs, deixando claro que os militares tinham vindo para ficar. A volta ao Brasil, assim, tornou-se um objetivo cada vez mais distante. Com o golpe de Estado naqueles países, foram obrigados a mudar novamente de endereço.

A maioria seguiu para a França, fazendo de Paris a capital do exílio. Do exterior, muitos ainda continuaram participando da luta armada no Brasil. Alguns poucos chegaram a voltar. Ao mesmo tempo, dedicavam-se às campanhas de denúncia contra a ditadura. Porém, na medida em que a esquerda se isolava da sociedade, a repressão avançava e as quedas aumentavam, tornou-se evidente que a luta armada, tanto nas cidades como no campo, havia fracassado. Era preciso mudar de estratégia. E foi então que a esquerda armada passou a ver na *luta democrática* um novo caminho para a revolução, aproximando-se do cenário que se desenhava no Brasil.

Em meados dos anos 1970, os militares começaram a bater em retirada, num *lento, gradual* e *seguro* processo de abertura. Queriam garantir algum tipo de controle sobre o que viria depois. Afinal, a ditadura tornara-se um verdadeiro estorvo. A sociedade repudiava o regime militar como se com ele nunca tivesse mantido a mais tênue ligação. Aos poucos, formou-se no país um campo de lutas em favor da democracia, abrigando desde a esquerda moderada (incluindo o PCB) até o movimento estudantil e operário, de volta à cena política. Quando em 1979, beneficiados pela Anistia, os ex-guerrilheiros começaram a voltar para casa, foi como se aqueles que haviam lutado pela democracia, inclusive pela força das armas, finalmente tivessem vencido.

Conclusão

A esquerda perdeu a guerra contra os militares, mas venceu a batalha da memória. A proximidade das datas até poderia sugerir que a ditadura tivesse acabado em virtude da guerrilha. Seu fim, entretanto, nada teve a ver com a luta armada. O fato é que, ao longo do tempo, foi a ditadura, e não a esquerda, quem se fortaleceu. Mas quando os militares ensaiavam seu próprio recuo, a guinada em direção à democracia aproximou os antigos guerrilheiros dos amplos setores que, no Brasil, lutavam pela redemocratização. E numa engenhosa reconstrução do passado, a esquerda revolucionária foi incorporada à sociedade civil, como se algum dia tivesse sido seu braço armado na *resistência* à ditadura.

Em seu novo desenho, a correlação de forças ganhou contornos maniqueístas que jamais existiram na prática. O *mal* passou a ser representado pelos militares. Lembravam o tempo da exceção, as torturas, a barbárie. Assim como os demônios, deveriam ser exorcizados. O *bem* remetia à sociedade, incluindo a esquerda armada. Virtuosa, suscitava os mais altos valores democráticos, como a liberdade, pluralidade e respeito à diferença. Era como se em 1964 a ditadura lhe tivesse tirado seu bem mais precioso: a democracia. Nesse quebra-cabeça, as contradições simplesmente desapareceram. Foram apagados os reais interesses de cada um, assim como a teia que ligava a ditadura à sociedade.

No caso da esquerda armada, tornou-se lugar comum falar que os militares, ao tomarem o poder, bloquearam os canais institucionais de participação. Consequentemente, para resistir à ditadura, alguns poucos mas valentes brasileiros não tiveram alternativa a não ser pegar em armas para defender a democracia. Nessa versão construída *a posteriori*, jogou-se para debaixo do tapete o aspecto *ofensivo* que sempre caracterizou a esquerda. Se os primeiros projetos guerrilheiros não passaram de tentativas frustradas, isso não invalida o fato de a luta armada ter sido aceita como estratégia política viável para tomar o poder *antes* mesmo que a ditadura existisse – basta lembrarmos das Ligas Camponesas.

Ainda assim, dentro dessa interpretação *institucional*, seria possível argumentar que a guerrilha foi deflagrada em larga escala apenas em 1968, quando a ditadura fechou-se de vez. Até aquele ano, foi como se esquerda tivesse tentado resistir *democraticamente* ao regime. O AI-5, porém, revelando as verdadeiras intenções dos militares, forçou uma tomada de posição radical. Contudo, antes mesmo de 1968, os preparativos para a guerrilha já estavam em ritmo intenso. Mesmo desconsiderando as frustradas Coluna Cardim e guerrilha do Caparaó, haveria ainda o exemplo do PCdoB, que começou a enviar militantes para a região do Araguaia ainda em 1966 – portanto, dois anos antes do golpe dentro do golpe.

Logo, se a proposta de luta armada já existia antes de 1964, quando o Brasil ainda vivia sob uma democracia, a ação da esquerda não pode ser classificada como sendo de resistência. No máximo, como de *oposição armada*. Quando veio a ditadura, os indecisos com relação à guerrilha concluíram que a hora tinha chegado. Era preciso partir para o confronto. Porém, suas ações foram marcadamente *ofensivas*. Não se tratava de derrubar a ditadura em nome da democracia *burguesa* – desprezada por todos os lados antes da queda de Jango. Mas, sim, de tirar os militares do poder para fazer a revolução socialista. A inflexão da esquerda ocorreria somente alguns anos depois, no exílio, quando a luta armada já tinha sido derrotada.

Foi só então que a democracia passou a figurar entre as bandeiras da esquerda armada. Derrotados, os guerrilheiros falseariam deliberadamente suas motivações como forma de integrar-se àquele novo cenário. Assim, embora nunca tivessem resistido à ditadura em nome da democracia, juntaram-se às forças que agora lutavam por ela. Nesse processo, curiosamente, sairiam ainda mais fortalecidos, como se, ao colocar a própria vida em jogo, tivessem sido decisivos para o fim do regime. A mão forte da repressão, contudo, também puniu severamente os que não pegaram em armas para combater a ditadura.

Outras leituras, outras visões

Bibliografia

ALVES, Maria Helena Moreira. *Estado e oposição no Brasil*. 2ª ed. Bauru: EDUSC, 2005.
ARNS, Paulo Evaristo. *Brasil*: nunca mais. 33ª ed. Petrópolis: Vozes, 2003.
CARVALHO, Luiz Maklouf. *Mulheres que foram à luta armada*. São Paulo: Globo, 1998.
FICO, Carlos. *Além do golpe*: versões e controvérsias sobre 1964 e a ditadura militar. Rio de Janeiro: Record, 2004.
GABEIRA, Fernando. *O que é isso, companheiro?* Rio de Janeiro: Codecri, 1979.
GASPARI, Elio. *A ditadura envergonhada*. São Paulo: Companhia das Letras, 2002.
_____. *A ditadura escancarada*. São Paulo: Companhia das Letras, 2002.
GORENDER, Jacob. *Combate nas trevas*: a esquerda brasileira – das ilusões perdidas à luta armada. São Paulo: Ática, 1987.
MARTINHO, Francisco Carlos Palomanes (Org.) *Democracia e ditadura no Brasil*. Rio de Janeiro: Editora da UERJ, 2006.
MARTINS FILHO, João Roberto. *Movimento estudantil e ditadura militar (1964-1968)*. Campinas: Papirus, 1987.
_____. *O palácio e a caserna*: a dinâmica militar das crises políticas na ditadura (1964-1969). São Carlos: EdUFSCar, 1995.
MORAIS, Taís; SILVA, Eumano. *Operação Araguaia*: os arquivos secretos da guerrilha. São Paulo: Geração Editorial, 2005.
PAZ, Carlos Eugênio. *Viagem à luta armada*. Rio de Janeiro: Civilização Brasileira, 1996.

REIS FILHO, Daniel Aarão; SÁ, Jair Ferreira de (Orgs.) *Imagens da revolução*: documentos políticos das organizações clandestinas de esquerda dos anos 1961-1971. 2ª ed. São Paulo: Expressão Popular, 2006.

_____. *A revolução faltou ao encontro*: os comunistas no Brasil. 2ª ed. São Paulo: Brasiliense, 1990.

_____. *Ditadura militar, esquerdas e sociedade*. Rio de Janeiro: Jorge Zahar, 2000.

REIS FILHO, Daniel Aarão; RIDENTI, Marcelo; MOTTA, Rodrigo Patto Sá (Orgs.) *O golpe e a ditadura militar*: quarenta anos depois (1964-2004). Bauru: EDUSC, 2004.

RIDENTI, Marcelo. *O fantasma da revolução brasileira*. São Paulo: Editora da UNESP, 1993.

ROLLEMBERG, Denise. *Exílio*: entre radares e raízes. Rio de Janeiro: Record, 1999.

_____. *O apoio de Cuba à luta armada no Brasil*: o treinamento guerrilheiro. Rio de Janeiro: Mauad, 2001.

SALES, Jean Rodrigues. *A luta armada contra a ditadura militar*: a esquerda brasileira e a influência da revolução cubana. São Paulo: Fundação Perseu Abramo, 2007.

SIRKIS, Alfredo. *Os carbonários*: memórias da guerrilha perdida. São Paulo: Global, 1980.

TAPAJÓS, Renato. *Em câmara lenta*. São Paulo: Alfa-Ômega, 1977.

TAVARES, Flávio. *Memórias do esquecimento*. São Paulo: Globo, 1999.

VILLA, Marco Antonio. *Jango, um perfil*. São Paulo: Globo, 2004.

WEFFORT, Francisco. *Por que democracia?* 2ª ed. São Paulo: Brasiliense, 1984.

Filmografia

Ação entre amigos (1998)
Batismo de sangue (2006)
Cabra cega (2005)
E agora, José? (1979)
Guerrilha do Araguaia: as faces ocultas da história (2007)
Hércules 56 (2007)
Lamarca (1994)
O bom burguês (1979)
O que é isso, companheiro? (1997)
Quase dois irmãos (2005)
Que bom te ver viva (1989)

Sobre o autor

Vitor Amorim de Angelo nasceu em Vitória (ES) em 1982. É historiador, formado pela Universidade Federal do Espírito Santo, mestre e doutorando em Ciências Sociais pela Universidade Federal de São Carlos. Atualmente, é pesquisador do Centre d'Histoire do Institut d'Études Politiques de Paris, onde desenvolve trabalho sobre o tema deste livro. Autor de *A trajetória da Democracia Socialista: da fundação ao PT* (EdUFSCar, 2008).